Andreas Drouve

111 Orte im Baskenland, die man gesehen haben muss

Mit Fotografien von Sonia und Andreas Drouve

111

emons:

Für unsere wertvolle Familie und im Gedenken an Hilde

Bibliografische Information der Deutschen Nationalbibliothek
Die Deutsche Nationalbibliothek verzeichnet diese Publikation in der Deutschen Nationalbibliografie; detaillierte bibliografische Daten sind im Internet über http://dnb.d-nb.de abrufbar.

MIX
Papier | Fördert gute Waldnutzung
FSC® C083411

Covergestaltung: Karolin Meinert
Lektorat: Julia Lorenzer
Gestaltung: Eva Kraskes, nach einem
Konzept von Lübbeke | Naumann | Thoben
Kartografie: altancicek.design, www.altancicek.de
Kartenbasisinformationen aus Openstreetmap,
© OpenStreetMap-Mitwirkende, ODbL
Druck und Bindung: CPI – Clausen & Bosse, Leck
Printed in Germany 2024
ISBN 978-3-7408-2023-7

Vorwort

Silbern und golden reflektiert der Sonnenglanz, der sich auf den Belägen aus Titanplatten fängt. Himmelwärts fächern sich die Strukturen phantasievoll auf. »Metallische Blume« sagt der Volksmund dazu. Oder gleicht das Ganze einem Schiff, das an den Flussufern angelegt hat? Wie dem auch sei: In Bilbao stürzt das Guggenheim-Museum in einen Rausch der Spektakel-Architektur und ist – stärker als die ausgestellte Kunst – selbst der Star. Der Bau des avantgardistischen Meisterwerks von Frank O. Gehry gab in den 1990er Jahren die touristische Initialzündung und bewirkte den Wandel der alten Industriestadt mit dem Rau-und-grau-Image zu einem Besucherziel von internationalem Rang. Mittlerweile ist der »Bilbao-Effekt« ein Begriff für die »gezielte Aufwertung von Orten durch spektakuläre Bauten von Architekten«. So steht es sogar als Eintrag auf Wikipedia. Im Fall Bilbao profitiert davon bis heute die gesamte Region, also das Baskenland, das wir in diesem Buch auf den spanischen Teil beschränken; ein kleineres Stück entfällt auf Frankreich.

Es fällt schwer zu glauben, welche Vielfalt das Baskenland auf lediglich 7.234 Quadratkilometern bündelt, was einem Fünftel der Fläche Baden-Württembergs entspricht: Strände und Steilküsten, Häfen und Weingärten. Naturparks, Wanderwege, Berge mit über 1.500 Meter Höhe. Ein gastronomischer Sternenhimmel. Eigenwillige Traditionen wie das Pelotaspiel. San Sebastián, die Schöne an der Muschelbucht. Dazu Kuriosa wie ein Spielkartenmuseum, ein bemalter Wald, eine Schwebebrücke und eines der besten Automobilmuseen der Welt. Idyllische Dörfer kontrastieren mit Spuren der Industriegeschichte – auch das gehört zum Baskenland. So wie die eigene Sprache.

Tauchen Sie am Golf von Biskaya und im Hinterland tief in eines der spannendsten Reiseziele Südwesteuropas ein! Lassen Sie sich mitreißen und überraschen – dazu geben wir Ihnen 111 Inspirationen.

111 Orte

1 Ein unverfälschtes Dorf | Antoñana
Blumen, Stille, Gassen und eine »Lamia« | 10

2 Die Kunst in der Tiefe | Arantzazu
Die Krypta des Bergheiligtums hat es in sich | 12

3 Das moderne Bergheiligtum | Arantzazu
Die gewagte Sakralarchitektur spaltet die Gemüter | 14

4 Das Reich des Apfelweins | Astigarraga
Museum und Rundgang mit Kostprobe | 16

5 Die Sidrería | Astigarraga
Apfelwein-Restaurant mit speziellen Noten | 18

6 Das Eisenbahnmuseum | Azpeitia
Alte Schätzchen auf dem Abstellgleis | 20

7 Die Alte Brücke | Balmaseda
Im Spiegel der Zeiten | 22

8 Die Textilfabrik | Balmaseda
Wo einst Baskenmützen gefertigt wurden | 24

9 Das monumentale Ensemble | Beasain
Überraschendes Konzentrat am Fluss | 26

10 Das Hafenflair | Bermeo
Boote und bunte Häuser | 28

11 Das alte Großlager | Bilbao
Moderner Kulturpol mit Säulenwald | 30

12 Die Bootstour | Bilbao
Wo man der Stadt die Parade abnimmt | 32

13 Das Fußballstadion | Bilbao
Eine Kathedrale für Löwen und Löwinnen | 34

14 Die Grabpaläste | Bilbao
Statussymbole auf dem Friedhof | 36

15 Die grüne Lunge | Bilbao
Flanieren durch den Stadtpark | 38

16 Das Guggenheim-Museum | Bilbao
Kostenlose Kunst beim Außenrundgang | 40

17 Der Hausberg Artxanda | Bilbao
Standseilbahnfahrt und »Balkon von Bilbao« | 42

18 Das Konsulatsboot | Bilbao
Der Star der Sammlung im Maritim-Museum | 44

19 Das Lokal »Ein Prosit« | Bilbao
Das Vermächtnis eines deutschen Auswanderers | 46

20 Das Museum der Schönen Künste | Bilbao
Neuer Mantel und alte Meister | 48

21 Die »schiefe« Basilika | Bilbao
Gotteshaus im Grünen und mit Gefälle | 50

22 Die Sieben Gassen | Bilbao
Das Herz der Altstadt | 52

23 Die Treidlerinnen | Bilbao
Ein Kunstwerk für vergessene Frauenpower | 54

24 Der typische Platz | Bilbao
Urbaner Treff mit Arkaden und Pintxos | 56

25 Die weiße Taube | Bilbao
Architektonischer Auftakt am Flughafen | 58

26 Der bemalte Wald | Bosque de Oma
Wo Natur und Kultur einzigartig verschmelzen | 60

27 Die Tropfsteinhöhle | Cueva de Pozalagua
Eine Orgel, Korallengärten und eine Hexe | 62

28 Das Hafendorf | Elantxobe
Kaimauern fast wie Festungswälle | 64

29 Die Weinstadt | Elciego
Architektur-Spektakel als Magnet | 66

30 Die »Hütte der Hexe« | Elvillar
Spuren der Jahrtausende | 68

31 Das Heiligtum | Estíbaliz
Goldene Schuhe und ein Schachbrettmuster | 70

32 Das Baskenland-Museum | Gernika
Ein aufschlussreicher Schnelldurchlauf | 72

33 Eine Büste für Humboldt | Gernika
»Freund des baskischen Volkes« | 74

34 Die Eiche am Parlament | Gernika
Ein Symbol der baskischen Freiheit | 76

35 »Guernica« | Gernika
Picassos Meisterwerk als Kachel-Replikat | 78

36 Die Mega-Skulpturen | Gernika
Massige Werke von Moore und Chillida | 80

37 Der erste Weltumsegler | Getaria
Erinnerungen an den Entdecker Elcano | 82

38 Das Museum Balenciaga | Getaria
Mode für Königinnen und Filmstars | 84

39 Der Txakoli | Getaria
Ein Prosit auf den baskischen Wein | 86

40 Das schöne Viertel | Getxo
Wo jeder noch jeden kennt | 88

41 Die Schwebefähre | Getxo-Portugalete
Auf dem Gittersteg in schwindelnder Höhe | 90

42 Der Skulpturenpark | Hernani
Meisterhafte Kunst von Eduardo Chillida | 92

43 Der Fischerhafen | Hondarribia
Fotogene Entdeckungen etwas abseits | 94

44 Die schwarze Madonna | Hondarribia
Schwebende Schiffe und schöne Aussichten | 96

45 Die verlassene Festung auf dem Berg Jaizkibel | Hondarribia
Das vergebliche Warten auf den Feind | 98

46 Die alten Römer | Irun
Museum mit kleinen Schätzen und Kuriosa | 100

47 Der Berg San Marcial | Irun
Ausblick, Kapelle und leibliches Wohl | 102

48 Die ökologische Nische | Irun
Vogelreiche Feuchtgebiete unter Naturschutz | 104

49 Die Bodega »El Fabulista« | Laguardia
Verschlungene Weinlager in der Tiefe | 106

50 Der historische Kern | Laguardia
Blumenschmuck, Gassen und ein Glockenspiel | 108

51 Das Portal | Laguardia
Die Sturzflut eines geöffneten Bilderbuchs | 110

52 Das charmante Landhotel | Lekeitio
Ein Standquartier für Entdeckungen | 112

53 Der Leuchtturm | Lekeitio
Hoch über den Klippen | 114

54 Die dominante Barockpracht | Loiola
Im Zeichen des Kreuzes der Jesuiten | 116

55 Das Turm- und Geburtshaus | Loiola
Auf den Spuren des heiligen Ignatius | 118

56 Der Ort über dem Meeresarm | Mundaka
Wellenschlag und Panoramen | 120

57 Die alte Universität | Oñati
Eine Perle des plateresken Stils | 122

58 Der Mittwochsmarkt | Ordizia
Treffpunkt seit über 500 Jahren | 124

59 Die Gesichter eines Ortes | Orio
Zwischen historischem Viertel und Strand | 126

60 Der Tunnel San Adrián | Parque Natural de Aizkorri-Aratz
Ein kühler Atem im Gebirge | 128

61 Die Wanderung ins Hochbecken | Parque Natural de Aizkorri-Aratz
Buchenwälder, Kalksteingipfel, Traumpanoramen | 130

62 Das Grünparadies | Parque Natural Izki
Wandern zwischen Buchen, Buchs und Steineichen | 132

63 Die Kontraste zur Küste | Parque Natural Pagoeta
Wo es duftet und blüht | 134

64 Die einsamen Pfade | Parque Natural Peñas de Aia
Der schönste Wanderweg durch den Naturpark | 136

65 Das Geisterdorf Ribera | Parque Natural Valderejo
Spuren der Vergangenheit | 138

66 Die Bootsbauwerkstatt | Pasaia
Alte Schiffe in neuem Glanz | 140

67 Der Ortsteil Donibane | Pasaia
Wie ein Gedicht | 142

68 Die Traineras | Pasaia
Der Hafen als Trainingsgelände | 144

69 Der Traumstrand | Playa de Laga
Glasklares Wasser, Sand und Felsen | 146

70 Der Strand an der Mündung | Playa de Laida
Sandband mit sanftem Einstieg | 148

71 Das Restaurant Almazen | Salinas de Añana
Schaukochen ohne Show | 150

72 Das weiße Gold | Salinas de Añana
Aufwendige Abläufe im faszinierenden Salztal | 152

73 Das wilde Heiligtum | San Juan de Gaztelugatxe
Der Sound von Wind und Wellen | 154

74 Die alte Tabakfabrik | San Sebastián
Wandel zur Kulturadresse | 156

75 Das beste Gesamtpanorama | San Sebastián
Mit dem Bähnchen auf den Berg Igueldo | 158

76 Don Quijote | San Sebastián
Atlantikluft statt Windmühlen | 160

77 Die gestrandeten Felsen | San Sebastián
Wie ein »Kursaal« aussehen kann | 162

78 Der Hafen | San Sebastián
Beschauliche Bilder und ein Aquarium | 164

79 Der Hausberg | San Sebastián
Monte Urgull, der östliche Wächter | 166

80 Die Insel | San Sebastián
Ein Wechsel der Perspektive | 168

81 Das Luxushotel | San Sebastián
Elegantes Ambiente auch für Hollywoodstars | 170

82 Das Museum San Telmo | San Sebastián
Nichtssagender Name, phantastischer Inhalt | 172

83 Der Park mit Meerblick | San Sebastián
Eine königliche Oase über der Muschelbucht | 174

84 Der Platz mit den Nummern | San Sebastián
Erinnerungen an eine blutige Tradition | 176

85 Das Restaurant Arzak | San Sebastián
Hochgenuss unter Sternen | 178

86 Der Surferstrand | San Sebastián
340 gute Wellentage im Jahr | 180

87 Der »Windkamm« | San Sebastián
Wo Skulpturen aus dem Fels wachsen | 182

88 Das Restaurant »Arrea!« | Santa Cruz de Campezo
Sterneküche mit Ausrufungszeichen | 184

89 Ein Dorfspaziergang | Segura
Unter Blumen, Disteln und Löwen | 186

90 Der Käsemacher | Segura
Herr über 140 Latxa-Schafe | 188

91 Das Chuletón | Tolosa
In der »Sixtinischen Kapelle« des Megasteaks | 190

92 Das knallharte Spiel | Tolosa
Der Nationalsport Pelota zum Zuschauen | 192

93 Die Luxuskarossen | Torre Loizaga
Eines der besten Automuseen der Welt | 194

94 Die Bar Deportivo Alavés | Vitoria
Fußballkneipe mit »Beflecktem Omelette« | 196

95 Der baskische Landsport | Vitoria
Steine stemmen und Holz hacken beim Stadtfest | 198

96 Die feine Kost | Vitoria
Geschäftstradition seit 1922 bei »Victofer« | 200

97 Der gestützte Dom | Vitoria
Eine Führung durch die Winkel der alten Kathedrale | 202

98 Der »Grüne Ring« | Vitoria
Naturvielfalt vor der Haustür | 204

99 Das himmelblaue Gewölbe | Vitoria
Im »Haus der Kordel« in der Altstadt | 206

100 Das Juwel der Romanik | Vitoria
Baukunst im Abseits | 208

101 Das Kalorienbabel
Süße Verlockungen bei »Confituras Goya« | 210

102 Der Kunstspaziergang | Vitoria
Ein Palast als prachtvoller Rahmen | 212

103 Die Murales | Vitoria
Kunst im öffentlichen Raum um die Altstadt | 214

104 Das Restaurant Matxete | Vitoria
Am fein gedeckten Tisch | 216

105 Die sakralen Schätze | Vitoria
Das Museum in der neuen Kathedrale | 218

106 Das Spielkartenmuseum | Vitoria
Hier spielt die Stadt ein kurioses Ass aus | 220

107 Die Untergrundkunst | Vitoria
Ausstellungen im Artium-Museum | 222

108 Der Strandgigant | Zarautz
Baden, surfen und Vorsicht vor dem Atlantik | 224

109 Der Verladeplatz am Meer | Zarautz
Ein besonderes Zeugnis der Industriegeschichte | 226

110 Der Eisenberg | Zerain
Spuren einer historischen Ausbeutung | 228

111 Die Felsformationen | Zumaia
Wie ein offenes Buch der Erdgeschichte | 230

1 Ein unverfälschtes Dorf

Blumen, Stille, Gassen und eine »Lamia«

Antoñana, tief in der Provinz Álava gelegen, hat kaum jemand auf dem Schirm. In einschlägigen Reiseführern steht es nicht. Schade eigentlich. Oder ein Glück. Denn so kann man das unverfälschte Dorf in Ruhe entdecken.

Blickfang ist die Kirche San Vicente Mártir, neben der man durch ein Tor in der Stadtmauer aus dem Mittelalter das kleine Gassengeflecht betritt. Eine Tafel erinnert daran, dass Navarras König Sancho der Weise dem Ort im Jahr 1182 das Sonderrecht verlieh. Rund 140 Menschen leben heute hier – manche mit einer ausgeprägten Ader für Blumenschmuck, was Fotografen erfreut. In der Ferne liegt der Berg Soila, der im Naturpark Izki an der 1.000-Meter-Marke kratzt.

Über den Gassen hängt Stille. Eine Katze huscht davon. Ein Feigenbaum wuchert aus einem Garten. Butangasflaschen stehen neben einer Haustür. Manche Eingangstüren sind erstaunlich niedrig. In einem Durchgang stapelt sich Kaminholz für den nächsten Winter. Eine alte Frau auf einer Bank grüßt freundlich die Fremden. Szenen eines Dorflebens.

Das alte Waschhaus, wo sich oben unter Holzbalken Spinnennetze verfangen, wurde mit einem modernen Werk des Künstlers Xabier Santxotena angereichert: einer »Lamia« aus Zement, die im Wasser verharrt. Laut baskischer Mythologie war die Lamia ein weibliches Wesen, das Flüsse, Seen und Höhlen bewohnte und verführerische Reize verströmen konnte. Ein Mann konnte sich in eine Lamia verlieben – und umgekehrt. Folgt man dem Volksglauben, bauten die mächtigen Wesen Brücken und Dolmen, halfen Bauern bei der Feldarbeit, wuschen die Wäsche über Nacht. Im Gegenzug versorgte man die Lamia großzügig mit Brot, Speck, Schafsmilchjoghurt und Apfelwein. Falls ihnen etwas nicht passte, konnten die Wesen äußerst unangenehm werden und Männer sogar gefangen nehmen. Wer Angst vor ihnen hatte, trug ein Amulett mit daran befestigter Gartenraute und Sellerie.

Adresse 01128 Antoñana | **Anfahrt** südöstlich von Vitoria auf der Landstraße A-132 nach Antoñana | **Tipp** Bei Antoñana informiert ein Interpretationszentrum über die »Vía Verde del Ferrocarril Vasco Navarra«. Dabei handelt es sich um die historische Strecke einer Schmalspurbahn, die auf einer Länge von 96 Kilometern in eine »Grüne Route« (Vía Verde) vor allem für Radler verwandelt wurde (www.viasverdes.com).

2 Die Kunst in der Tiefe

Die Krypta des Bergheiligtums hat es in sich

Den Blick auf die Hauptfassade des Bergheiligtums von Arantzazu gewandt, führt rechts an der Seite eine Treppe hinab zur Krypta. So unscheinbar dieser Abgang sein mag – der Untergrund hat es in sich. Es ist, als beträte man die versteckte Galerie eines Museums moderner Kunst – und das netterweise zum Nulltarif. Farbsatt und großflächig sind die Wände mit Werken des Malers Néstor Basterretxea (1924–2014) überzogen, der aus dem baskischen Hafenort Bermeo stammte.

Basterretxeas 1953 abgesegnetes Projekt der Ausgestaltung der Krypta war dem Klerus letztlich der Moderne zu viel. Der Bischof von San Sebastián wandte sich – mit Unterstützung aus Rom – dagegen. Es kam zum Verbot und zu einem langwierigen Disput zwischen dem Künstler und den Franziskanern. Erst zu Beginn der 1980er Jahre durfte Basterretxea seine Pläne verwirklichen, die nichts für Traditionalisten sind. Die Abfolge der Themen stellte er unter die Leitmotive der Entwicklung von der Mythologie bis zum Christentum. »Die ersten neun Wandgemälde zeigen das menschliche Wesen vor der Schöpfung und die neun übrigen von der Auferstehung Jesu Christi an«, liest man auf einer Tafel zur Einführung. Dabei spielte Basterretxea mit Farben und abstrakten Kompositionen. Doch einer nimmt ganz vorne, als zentraler Blickfang in ein besonderes Licht gesetzt, konkret Gestalt an: der Gekreuzigte. Die bärtige Figur trägt eine Dornenkrone. Die Füße und Hände sind angenagelt. So weit, so gewöhnlich, mag man meinen. Doch Basterretxeas Christus kommt blutrot daher und breitet derart gestählte Arme aus, als handelte es sich um eine Mischung aus Herkules und Superman. Die Spiegelungen auf dem Boden verstärken die Effekte. In der Mitte des Raumes laden Bänke zur Kunstbetrachtung in aller Ruhe ein.

»Es ist das Haus Mariens«, heißt es in einer Selbstdarstellung des Heiligtums von Arantzazu. Was würde Maria dazu sagen?

Adresse 20567 Arantzazu, www.arantzazu.org | **Anfahrt** vom Städtchen Oñati knapp 10 Kilometer lange Auffahrt in die Berge nach Arantzazu, wo die Straße endet | **Öffnungszeiten** ebenso wie die Basilika normalerweise täglich 9.30–19/19.30 Uhr | **Tipp** Oberhalb des Heiligtums kann man gut im rustikalen Landhotel Goiko Benta übernachten und auch essen (Arantzazu Auzoa 12 Bajo, Tel. +34/943781305, www.goikobenta.net).

3 Das moderne Bergheiligtum

Die gewagte Sakralarchitektur spaltet die Gemüter

Bewunderer moderner Sakralarchitektur schnalzen mit der Zunge, doch konventionelle Katholiken dürften bei diesem Anblick eher vom Glauben abfallen. Das Bergheiligtum von Arantzazu spaltet seit dem Neubau in den 1950er Jahren die Gemüter. Unfassbar, wie avantgardistisch sich der spanische Klerus seinerzeit vorwagte. Die Geschichte reicht indes Jahrhunderte länger zurück.

Die Überlieferung aus dem Spätmittelalter kennt zwei Versionen. Entweder soll ein Hirte namens Rodrigo im Jahr 1468 ein Marienbildnis in einem Dornenstrauch aufgefunden haben – oder ihm soll Maria im stacheligen Strauchwerk erschienen sein. Wie dem auch sei: An derselben Stelle entstand zunächst eine Einsiedelei, dann ein größeres Heiligtum, um das sich die Franziskaner zu kümmern begannen. Pilgerzüge setzten sich in Bewegung. Erst 1881 wurde die Straße hinauf ins Gebirge gebaut. Bis dahin war das ursprüngliche Sanktuarium schon dreimal abgebrannt und ebenso oft wiedererrichtet worden.

Ab 1950 folgte ein Einschnitt, der komplett mit den Traditionen brach, auf die Bildsprache der Moderne und ein ganzes Aufgebot an Meistern setzte. Die Architekten Francisco Javier Sáenz de Oiza und Luis Laorga konzipierten die Basilika, deren Ausdruck ebenso stark und robust sein sollte wie die Gebirgswelt rundherum. Die Diamanten gleichenden Spitzen, die die drei Türme überziehen, sollen an den Dornenstrauch aus der Ursprungslegende erinnern. Der Bildhauer Jorge Oteiza entwarf die aus Kalkstein bestehende Apostelreihe der Hauptfassade, sein Kollege Eduardo Chillida die Hauptzugangstüren aus Eisen. Doch damit hat sich die Kunst noch nicht erschöpft, wie der Besuch der Krypta zeigt (siehe Ort 2).

Im Innern der Kirche wirkt das kleine gotische Bildnis der Madonna mit dem Kind in einer Nische über dem Altarraum verloren. Und genauso fühlt man sich selbst in der hallenartigen Struktur.

Adresse 20567 Arantzazu, www.arantzazu.org | **Anfahrt** vom Städtchen Oñati knapp 10 Kilometer lange Auffahrt in die Berge nach Arantzazu, wo die Straße endet | **Öffnungszeiten** im Regelfall täglich 9.30–19/19.30 Uhr | **Tipp** Wer in dem Örtchen übernachtet, genießt spätabends und frühmorgens eine herrliche Bergstille ohne Besucher.

4 Das Reich des Apfelweins

Museum und Rundgang mit Kostprobe

Ein säuerlicher Apfelwein trifft gewiss nicht jedermanns Geschmacksnerv, doch in und um Astigarraga blicken Anbau und Produktion auf lange Jahrhunderte der Tradition zurück. Dem entspricht das »Museum des baskischen Apfelweins« (spanisch: Museo de la Sidra Vasca), das man jedoch nicht überbewerten darf. Denn es beschränkt sich auf einen einzigen Saal mit Schautafeln und Exponaten wie handwerklichen Gerätschaften. Interessanter ist das Gesamtprogramm mit einer Führung durch die benachbarten Apfelgärten und einer Kostprobe.

Führerin Ainize Mitxelena ist mit Apfelwein aufgewachsen und trinkt ihn mit Begeisterung, wenn sie an den Wochenenden ausgeht oder einfach zwischendurch zu Häppchen. »Für uns ist das wie normaler Wein«, sagt sie. Beim Gang durch die Gärten zeigt Mitxelena, wie man mit einem Nadelstock namens »Kizki« die von den Bäumen gefallenen Äpfel vom Boden aufliest. Das schont den Rücken, macht aber auch Löcher in die Früchte. Früher wurden die Äpfel auf Basis von Muskelkraft gemeinschaftlich mit Hölzern in einer Art Wanne gestampft, unterlegt von einem melodischen Sprechgesang. Auch das demonstriert sie und animiert die Teilnehmer zur Nachahmung.

»Mit schönen Tafeläpfeln machen wir keine Sidra«, sagt Mitxelena und deutet bei der Ernte im Herbst auf deformierte Exemplare mit bräunlichen Stellen. Doch gerade die sind die besten, angeführt von einheimischen Sorten wie Anixa, Goikoetxea und Udare Marroi. Für einen ausgewogenen Apfelwein, so erfährt man im Museum, werden die Äpfel wie folgt gemixt: 50 Prozent sind sauer, 30 Prozent bitter, 20 Prozent süß.

Grundsätzlich gleiche der Reife- und Fermentationsprozess dem von Wein, erläutert Mitxelena, aber Sidra werde nur jung und frisch getrunken. Das spannt den Bogen zur Kostprobe, die zum Glück nicht exzessiv ausfällt. Bei übermäßigem Sidra-Konsum sollte man eine Packung Aspirin zur Hand haben …

Adresse Museo de la Sidra Vasca / Sagardoetxea, Calle Mayor 48 (Gebäude liegt etwas erhöht), 20115 Astigarraga, www.sagardoarenlurraldea.eus | Anfahrt südsüdöstlich von San Sebastián nahe der Autobahnen AP-1 und A-15 | Öffnungszeiten Di–Sa 11–13.30 und 16–19.30 Uhr, So 11–13.30 Uhr, im Juli und Aug. auch Mo | Tipp Zum Apfelwein passt stets eine würzige Wurst, entweder Txistorra (zum Braten) oder Txorizo / Chorizo (roh oder gebraten).

5 Die Sidrería

Apfelwein-Restaurant mit speziellen Noten

Da gibt es nichts zu beschönigen: Die Definition von Gemütlichkeit sieht sicher anders aus. Ein Apfelwein-Restaurant wie die Sidrería Alorrenea am Rand von Astigarraga versprüht im Innern spezielle Noten, nämlich eine Atmosphäre zwischen Bierzelt und Bahnhofswartehalle. Und wenn viele Spanier zusammenfinden, herrscht alles andere als klösterliche Stille. Der Lärmpegel steigt mit dem Konsum des Apfelweins. Was wiederum den Reiz ausmacht, denn das ist absolut authentisch, so wie auch das Mobiliar. Holzbänke ohne Lehne, ohne Polster. Lange Holztische ohne Decken. Eine ungeschmückte, schnörkellose Essenz. Da muss man hart im Nehmen sein und gutes Sitzfleisch haben.

In einem Apfelwein-Restaurant (spanisch: Sidrería) spielt die Sidra die Hauptrolle. Entweder verkostet man sie zum Essen aus Flaschen, oder man geht in Eigenregie zu einem Fass, um Nachschub zu holen. Schenkt man ein, sollte in beiden Fällen der Weg zum Boden des breiten Glases möglichst lang sein, um Sauerstoff zu binden und die Sidra noch frischer und spritziger zu machen. Natürlich landet – wegen des langen Strahls – nicht alles im Glas.

In Astigarraga öffnen die Apfelwein-Restaurants mehrheitlich nur, wenn die fertige Sidra des Jahres auf den Markt schwappt, etwa von Januar bis April oder Mai. Die Sidrería Alorrenea hingegen steht ganzjährig offen und Besitzerin Garbiñe Etxezarreta oft selbst am Grill. Zu einer Sidra passt am besten ein Mega-T-Bone-Steak (Chuletón; siehe Ort 91).

Etxezarreta berichtet stolz von der Eigenproduktion der Sidra und holt zwei Söhne zum Erinnerungsfoto heran. Die Familie bewirtschaftet eine Farm mit 7.000 Apfelbäumen, deren Früchte unterm Strich 140.000 Liter Sidra ergeben. Da sich die Jahresproduktion auf 200.000 Liter beläuft, müssen sie noch dazukaufen. Zum Abschied gibt die Wirtin ein kleines Geheimnis preis: »Ich trinke nur Wasser, keinen Alkohol.«

Adresse Restaurante Sidrería Alorrenea, Alorrene Bidea 4, 20115 Astigarraga, Tel. +34/943336999, www.alorrenea.com | **Anfahrt** südsüdöstlich von San Sebastián nahe der Autobahnen AP-1 und A-15; hauseigener Parkplatz vorhanden | **Öffnungszeiten** Di–Do 13–17 und 20–24 Uhr, Fr 13–17 und 20.30–24 Uhr, Sa 13.30–17 und 20.30–24 Uhr, So 13.30–17 Uhr | **Tipp** Zur Fülle weiterer Sidrerías in Astigarraga zählen Petritegi (Petritegi Bidea, Tel. +34/943457188, www.petritegi.com) und Astarbe (Txoritokieta Bidea 13, Tel. +34/943551527, www.astarbe.eus).

6 Das Eisenbahnmuseum

Alte Schätzchen auf dem Abstellgleis

Die Messlatte liegt hoch. »Das baskische Eisenbahnmuseum präsentiert eine der besten Zug-Kollektionen Europas«, heißt es in der Selbstdarstellung auf der Website. Das Fazit vorweg: Die Ausstellung hält den Ansprüchen tatsächlich stand, das Museum ist historisch wertvoll. Ein Besuch dürfte nicht nur eingefleischte Bahnfans begeistern. Der Spaziergang durch die Geschichte der Eisenbahn ist anschaulich aufgezogen und breit aufgestellt. Hier stehen wunderbar antiquierte Schätzchen auf dem Abstellgleis.

Empfang und Ticketschalter sind im einstigen Bahnhof untergebracht, wo der Stationschef mit Uralt-Telefon und Schreibmaschine operierte. Ab dort folgt man den Pfeilen zu einem ausgiebigen Rundgang an der frischen Luft und durch Hallen. In manche Lokführerstände und Abteilwagen darf man hineinsehen oder hineingehen. Das war noch die wahre Holzklasse, wo man sich auf hartem Untergrund die Allerwertesten platt saß und die Holzschiebefenster öffnen konnte.

In der riesigen Werkhalle von einst, eröffnet 1925 und nunmehr gefüllt mit Loks und Waggons jedweder Herkunft und Altersklasse, riecht es bis heute nach Öl. Infotafeln erinnern an Kriegsgefangene, die im Spanischen Bürgerkrieg beim Eisenbahnbau eingespannt wurden. Doch die Lokomotiven, ob drinnen oder draußen, sind international: vom Dampfross »Espinal«, 1887 in Newcastle gebaut, über ein Modell aus Schottland von anno 1925 bis zur Lok »Echeverría«, die in der baskischen Eisenindustrie zum Einsatz kam und ihren Ursprung 1952 in den Traditionswerkstätten Henschel in Kassel hatte. Die Bandbreite der Sammlung reicht bis zu einer Tram aus Belgien. Zur Anschauung sind in manchen Transportwaggons Mannequins, Koffer, Taschen und Waren wie Bier- und Weinkisten drapiert.

Zugaben zum Abschluss im einstigen Bahnhofsgebäude sind eine Sektion aus Uniformen und Kappen sowie ganz oben historische Bahnhofsuhren, teils mit Pendeln.

Adresse Museo Vasco del Ferrocarril, Calle Julián Elorza 8, 20730 Azpeitia, www.museoa.euskotren.eus | Anfahrt von der Autobahn AP-8 Abzweig südlich über die Landstraße GI-631 nach Azpeitia | Öffnungszeiten Di–Fr 10–13.30 und 15–18.30, Sa 10.30–14 und 16–19.30, So 10.30–14 Uhr | Tipp Etwa von Anfang April bis Anfang November ist an Wochenenden gegen einen moderaten Aufpreis eine Fahrt im historischen Dampfzug (spanisch: tren de vapor) möglich. Gewöhnlich wird am Samstag um 12 und 17.30 und am Sonntag um 12 Uhr abgefahren.

7 Die Alte Brücke

Im Spiegel der Zeiten

Brücken verbinden, trennen, erleichtern das Leben – oder die Geldbörse. So war es zumindest in lange vergangenen Jahrhunderten, als Händler aus Kastilien in Balmaseda an der Alten Brücke (spanisch: Puente Viejo, baskisch: Zubi zaharra) ihre Steuern entrichten mussten, bevor sie weiterreisten und ihren Geschäften nachgingen. Dabei ging es unter anderem um das Business mit Wolle. Balmaseda lag an einer traditionellen Handelsroute vom und zum Atlantik. Die Geldeintreiber saßen im Turm, der der Brücke aufsitzt, als Eingangstor zur Stadt fungierte und dem Gesamten ein markantes Gepräge verleiht. Der Zugang in den Turm ist heute vergittert.

Balmasedas älteste Brücke – und dazu eine der schönsten Brücken im gesamten Baskenland – spannt sich über das Flüsschen Cadagua, das in der Sierra Magdalena entspringt und in den Nervión mündet, der bei Bilbao den Golf von Biscaya erreicht. Die Brücke verläuft zwischen dem außerhalb der einstigen Stadtmauern gelegenen Viertel El Cristo und San Lorenzo, dem vormaligen Judenviertel. Der Bau datiert aus dem Mittelalter. Blickfang ist der zentrale Bogen, der steil ansteigt; weniger relevant sind die beiden niedrigeren Bögen an den Seiten.

An einem windstillen Tag formt sich der Zentralbogen mit seinem Spiegelbild im Fluss zu einem Kreis – ein klasse Fotomotiv und durchaus Instagram-tauglich. Die moderneren Wohngebäude daneben muss man schlucken. Ebenfalls mit von der Partie bei den Spiegelbildern im Wasser ist der Barockturm der Kirche San Juan del Moral.

Der Fluss ist ein Tummelbecken für Enten, die Alte Brücke das Wahrzeichen von Balmaseda. Für den Verkehr ist sie gesperrt, hinüber kommt man nur zu Fuß. Wer ganz oben steht, hat allerdings nicht die richtige Perspektive für das typische Brückenfoto. Da muss man sich der Mühe unterziehen, an den Ufern ein Stück seitwärts zu gehen und den richtigen Winkel zu suchen.

Adresse Puente Viejo, Calle El Cristo, 48800 Balmaseda, www.turismo.balmaseda.eus | Anfahrt vom nordöstlich gelegenen Bilbao über die gut ausgebaute Landstraße BI-636 nach Balmaseda | Tipp Zur Rast hinter der Alten Brücke, also auf der Altstadtseite, lädt der Gasthof Skamata ein (Tel. +34/946801847, www.skamatabalma.com).

8 Die Textilfabrik

Wo einst Baskenmützen gefertigt wurden

Ainara Martínez Matía hat noch immer »den Geruch von feuchter Wolle« in der Nase. Nie hätte sie gedacht, dass sie einmal als Technische Direktorin an jenem Ort arbeiten würde, wo sie als Schulmädchen ein Klassenausflug hingeführt hatte: in die Textilfabrik La Encartada. Ein Schwerpunkt lag auf der Produktion der berühmten Baskenmützen.

La Encartada war ein exakt 100-jähriges Leben beschieden, von 1892 bis 1992, als die Moderne alles überrollte. Die Chefs hielten an den Traditionen fest, auch an den Uralt-Maschinen aus England. Ein Glück für die Nachwelt und den Erhalt des Kulturguts. Denn die größte Besonderheit ist der historische Maschinenpark an seinem Originalplatz, nämlich im ersten Stock des Industriegebäudes, das sich heute »Fabrik-Museum« nennt.

Für Besucher ist die Teilnahme an den etwa einstündigen Führungen obligatorisch. Unterwegs sieht man Wollreste an Maschinen und bekommt die komplexen Arbeitsschritte bei der Herstellung einer Baskenmütze erklärt. Der gesamte Prozess, vom Waschen der Schafwolle bis zu den fertigen Waren, darunter auch Decken und Socken, lag unter einem Dach. In Spitzenzeiten, vor allem um den Spanischen Bürgerkrieg von 1936 bis 1939, schufteten in der Fabrik 300 Angestellte, mehrheitlich Frauen. Danach ging es kontinuierlich bergab.

Führerin María José González hat hier noch bis zum Tag der Schließung gearbeitet. »Für einen Hungerlohn«, wie sie sagt. In ihr Gedächtnis eingebrannt geblieben sind der Höllenlärm der Maschinen und wie drückend und schwer der Wollstaub in der Luft lag. Zudem hätten in der Halle zwischen Sommer und Winter extreme Temperaturunterschiede geherrscht. Eine Heizung habe es nicht gegeben, obwohl das technisch machbar gewesen wäre. Tätig war sie in der finalen Qualitätskontrolle der Baskenmützen, doch selbst getragen hat sie nie eine. »Das steht mir einfach nicht. Wir Frauen sind in diesen Dingen sehr eitel.«

Adresse La Encartada Fabrika-Museoa, El Peñueco auzoa, 48800 Balmaseda | Anfahrt vom nordöstlich gelegenen Bilbao über die gut ausgebaute Landstraße BI-636 nach Balmaseda | Öffnungszeiten Mai–Okt. Di–Sa 10–14 und 16–19, So 10–14 Uhr, Nov.–April Di–Do und So 10–14 Uhr, Fr und Sa 10–14 und 16–19 Uhr | Tipp In Zalla bei Balmaseda bietet sich das freundlich geführte Hotel Ibarra für eine Übernachtung an. Vorteil für Autofahrer ist der hauseigene Parkplatz (Barrio Llantada 11, www.hotelibarrazalla.com).

9 Das monumentale Ensemble

Überraschendes Konzentrat am Fluss

Ein Gürtel gesichtsloser Wohnhäuser schirmt in Beasain das »Conjunto monumental«, also das »monumentale Ensemble«, von Igartza ab, versteckt es regelrecht. Im Zentrum steht der Palast, den sich die Adelsfamilie Igartza im 16. Jahrhundert als Ausdruck ihrer Macht unweit der Flussufer des Oria errichten ließ.

Die wohlhabenden Igartzas platzierten rundherum das, was man zum Leben und zur Selbstversorgung – natürlich basierend auf Personal – brauchte, darunter eine Mühle, das Haus des Müllers, eine Kelterei für Apfelwein, Stallungen, ein Kirchlein. In späterer Zeit gesellte sich eine Schmiede hinzu. Das Ganze ergibt ein überraschendes historisches Konzentrat, ergänzt durch die Steinbrücke über den Fluss und ein Wegekreuz auf der anderen Seite. Eine Variante des Jakobswegs führt durch das Areal.

Erhaben steigt der Palast aus dem Wiesengrün. Dem Unterbau aus Bruchstein sitzt Fachwerk auf, was in der Architektur im Norden Spaniens eher eine Ausnahme ist. Im Innern setzen sich die Fachwerkelemente fort, legen sich die Holzgalerien um einen Innenhof. In einem Salon haben sich jahrhundertealte Wandmalereien erhalten, darunter zwei Boote. Das sind nette Details, aber alles andere als herausragende Kunstwerke.

Das restaurierte Palais dient heute als Multikulturhaus und bietet Raum für temporäre Ausstellungen, Konzerte, Vorträge. Bei Führungen wartet im Untergeschoss eine buchstäblich riesige Überraschung: ein hölzerner, ursprünglich 220 Quadratmeter messender Staudamm aus dem 16. Jahrhundert. Die Reste von massigen Balken wurden bei einer Flutkatastrophe in den 1980er Jahren aus dem Schlamm gespült und sehenswert zusammengesetzt. Nun sind sie im Untergrund schön ausgeleuchtet. Der an den Seiten verankerte Damm regulierte den Zufluss durch einen Kanal zur Mühle.

Adresse Conjunto monumental de Igartza, Plaza Igartza 1, 20200 Beasain, www.igartza.eus | Anfahrt an der Autobahn A-1, die von Nordosten ab Lasarte-Oria (bei San Sebastián) und Tolosa heranführt | Öffnungszeiten Areal frei zugänglich, Führungen (unter anderem in die Tiefen des Palastes) Anfang Juli–Sept. Mi–So 11.30, 13, 16.30 und 18 Uhr, Mitte Sept.–Ende Juni Sa und So 11.30 und 13 Uhr | Tipp Auf der anderen Seite des Flusses Oria liegt das komfortable Viersternehotel Dolarea mit Restaurant (Nafarroa Etorbidea 57, Tel. +34/943889888, www.hoteldolarea.com).

10 Das Hafenflair

Boote und bunte Häuser

Es scheint so, als hätte irgendwer über dem Hafen von Bermeo zum Bausatz und zum Tuschekasten gegriffen, die Häuser sorgsam ineinander gestaffelt und angemalt: in Ocker, Blassrosa, Orange, Hellblau. Das ist die schönste, die typischste Ansicht in Bermeo. Im Hafen haben die Freizeitboote die der Fischer längst verdrängt. Und das, was man im Stadtwappen sieht, ist Jahrhunderte her: als es Waljäger gnadenlos auf die Meeresriesen abgesehen hatten.

Bermeo spielte schon im Mittelalter eine wichtige Rolle an der Küste, genoss durch seine strategische Lage Privilegien. Mitte des 14. Jahrhunderts erbauten die Franziskaner ein Kloster, das in späteren Zeiten – nach dem Abzug der Mönche – als Kaserne, Gefängnis, Schule und Gerichtshof zweckentfremdet wurde. Bis heute sehenswert ist der Kreuzgang.

Ein weiterer historischer Bau ist der Ercilla-Turm (spanisch: Torre Ercilla), der sich über dem Hafen aus dem Gefüge der farbigen Häuser abhebt. Es ist ein Gebäude mit einer massigen Sandsteinfassade und kleinen Bogenfenstern, was auf den Wehrcharakter weist. Immer schwang die Sorge mit, von der Seeseite her angegriffen zu werden. Der Ercilla-Turm datiert aus dem Spätmittelalter und ist das älteste erhaltene Zivilgebäude in Bermeo; in der Altstadt gab es einst 30 solcher Wohnhaustürme. Dieser hier beherbergt heute das sogenannte Fischermuseum (spanisch: Museo del Pescador), von dem man sich aber nicht zu viel erwarten sollte. Zu den Exponaten zählen Bootsmodelle und Fischfanggerätschaften.

Schöner ist es, in Bermeo um die Hafenbecken zu streifen und sich irgendwo niederzulassen: entweder in einer Kneipe oder auf metallenen Sitzen neben einem großen Globus. Dieser erinnert an tapfere Seeleute aus Bermeo, die zwischen 1519 und 1522 an der ersten Weltumseglung unter den Kommandos von Ferdinand Magellan und Juan Sebastián Elcano (siehe Ort 37) teilnahmen, speziell an Juan de Acurio.

Adresse 48370 Bermeo, www.bizibermeo.eus | Anfahrt von Südwesten (Bilbao) über die Landstraße BI-631, von Südosten (Meeresarm von Mundaka) über die Landstraße BI-2235 nach Bermeo | Öffnungszeiten Fischermuseum im Ercilla-Turm: Di–Sa 10–19 Uhr (Okt.–März 10–16 Uhr), So 10.30–14.30 Uhr | Tipp Die Franziskanerkirche (Iglesia de San Francisco) mit ihrem dazugehörigen Kreuzgang ist täglich von 9 bis 13 Uhr geöffnet.

11 Das alte Großlager

Moderner Kulturpol mit Säulenwald

Der erste Eindruck: streng, symmetrisch, funktional. Unter diesen Vorzeichen entstand zu Beginn des 20. Jahrhunderts nach Plänen des einheimischen Architekten Ricardo Bastida ein riesiges Speicher- und Warenlager für Wein, Öl und andere Nahrungsmittel. »La Alhóndiga« hieß das Gebäude, bei dem – eine Innovation für damalige Zeiten – neben Steinen und Ziegeln auch Beton Verwendung fand. Erkennbar waren Einflüsse des spanischen Jugendstils. In den 1970er Jahren erschöpfte sich die Funktion des Bauwerks. Auf eine lange Zeit der Brache folgte 2010 die Neueröffnung als Zentrum für zeitgenössische Kunst und Begegnungsstätte der Kultur.

Bei der Umgestaltung des Innern kam der französische Designer Philippe Starck zum Zug. Heute ist die alte Alhóndiga besser unter ihrem baskischen Namen Azkuna Zentroa bekannt, sie liegt im Viertel Indautxu. Auf der Agenda stehen Wechselausstellungen, Installationen, Theater, Tanzvorführungen. Die Angebote werden vor allem von der einheimischen Bevölkerung gut angenommen. Manche Events sind nur auf Baskisch programmiert, doch manchmal bedarf es nicht vieler Worte, um ein Gespür für die Stimmung zu bekommen.

Jederzeit sehenswert ist die weit ausgreifende Eingangshalle. Dort ruhen die drei Gebäudeteile auf insgesamt 43 Säulen, passend in Szene gesetzt durch verschiedenste Lichtquellen. Dahinter steckt ein Plan des italienischen Bühnenbildners Lorenzo Baraldi. Ihm zufolge stehen die teils sehr kunstvoll verzierten Säulen für die unzähligen Kulturen, Bauweisen, Kriege und Religionen der Geschichte der Menschheit und die Bedeutung der Kunst für unser Leben. Der Säulenwald ist kein einheitliches Gebilde, sondern setzt auf Verschiedenheit. Stilistisch reicht die Bandbreite von Neo-Renaissance und Neo-Barock bis Art déco. Bei den Materialien finden sich Stahl, Zement, Bronze, Aluminium, Terrakotta, Holz und Marmor.

Adresse Plaza Arriquibar 4, 48010 Bilbao, www.azkunazentroa.eus | ÖPNV nächste Metro-Station Indautxu, nächste Bushaltestellen der Linien A 3136, A 3223 und A 3336 | Öffnungszeiten täglich 9–21 Uhr | Tipp Ganz in der Nähe liegen zwei komfortable Unterkünfte: das Hotel Ercilla in der Calle Ercilla 37–39 (www.marriott.com) und das Hotel Silken Indautxu an der Plaza Bombero Etxaniz (www.hoteles-silken.com).

12__Die Bootstour

Wo man der Stadt die Parade abnimmt

Während die Standseilbahn auf den Berg Artxanda die entspannendste Kurzfahrt in Bilbao bietet (siehe Ort 17), kann man sich mit einem anderen Fortbewegungsmittel, einem Ausflugsboot, auf die entspannendste Langfahrt begeben. Da lehnt man sich zurück oder steht an Bord, um der Stadt und ihren unterschiedlichsten Ansichten und architektonischen Facetten die Parade abzunehmen. Unterwegs ist man auf dem Flussstrang des Río Nervión, der in manchen Quellen auch »Meeresarm von Bilbao« (spanisch: Ría de Bilbao) genannt wird. Der Atlantik schickt seinen Tidenhub bis in die Stadt hinein, was an den Begrenzungsmauern des Stroms durch die natürlichen Markierungen des Pflanzengrüns deutlich zu erkennen ist.

Die Abfolge der Monumente beginnt mit dem Rathaus, das 1892 im Stil des Eklektizismus auf dem Gelände eines vormaligen Augustinerklosters entstand. Bald folgt der Schwenk zur Architektur der Moderne, begleitet von den beiderseits des Flusses ansprechend gestalteten Promenaden, wenn man zum Hochhausdoppel des Japaners Arata Isozaki aufblickt, unter der »Weißen Brücke« (baskisch: Zubizuri) des Spaniers Santiago Calatrava hindurchgeleitet und schließlich an der Salve-Brücke die Höhe des Guggenheim-Museums von Frank O. Gehry erreicht. Das Guggenheim markierte in den 1990er Jahren den Auftakt zu einem städtischen Facelifting, denn die alte Industriestadt Bilbao bot – vorsichtig formuliert – nicht die allerschönsten Ansichten. Viele Gebäude waren schlichtweg abgewrackt und wurden geplättet. Dass auch in den kommenden Jahren noch viel zu tun bleibt, zeigt die Fahrt flussabwärts.

Wer eine längere Tour gebucht hat, schippert an den Vorstädten Erandio und Barakaldo entlang und passiert bei Getxo die sagenhafte, von der UNESCO zum Weltkulturerbe erhobene Schwebebrücke (siehe Ort 41). Schluss- und Wendepunkt ist die weit ausgreifende Hafenbucht.

Adresse Anbieter von Bootstouren: Bilboats (Tel. +34/946424157 und +34/644442055, www.bilboats.com) und El Bote Tours (+34/605014365, www.elbotebilbao.com), Puente del Ayuntamiento, Pantalán Plaza Pío Baroja, 48001 Bilbao | **ÖPNV** nächste Metro-Stationen Moyúa und Casco Viejo | **Öffnungszeiten** Fahrplan abhängig von der Saison, aktuelle Informationen und Ticketreservierung siehe Websites | **Tipp** Hat man wieder festen Boden unter den Füßen, kann man ab der Rathausbrücke flussaufwärts bis zur Arenal-Brücke promenieren. Sehenswert dahinter ist das 1890 eröffnete Stadttheater Arriaga, das ein abwechslungsreiches Programm bietet (www.teatroarriaga.eus).

13 Das Fußballstadion

Eine Kathedrale für Löwen und Löwinnen

Unter Spaniern sind Heimatbezug und Heimatstolz stark ausgeprägt. Bei den Bewohnern von Bilbao kommt ein hohes Maß an Selbstwertgefühl hinzu. Diese Kombination findet nicht zuletzt ihren Niederschlag im Fußball beim Club Athletic Bilbao. Wer hier kickt, muss Baske oder zumindest im Baskenland fußballerisch ausgebildet worden sein. So besagen es die Statuten, die somit für eine ganz besondere Identität bei den Anhängern sorgen. Bei den Erstliga-Partien der Männer stehen keine zusammengewürfelten Luxuseinkäufe auf dem Platz, sondern jene, die gegen überbezahlte Balltreter aus anderen Städten zeigen, was in baskischen Lungen, Füßen und Schenkeln steckt. »Leones«, »Löwen«, nennen die Fans die Akteure, die bei Heimspielen im Stadion San Mamés um jeden Zentimeter kämpfen. Auch das Stadion hat seinen Spitznamen: »La Catedral« – »Die Kathedrale«.

Das Heiligtum des Fußballs ist in Kombination mit dem Vereinsmuseum besuchbar. Dass man an den Traditionen der Club-Politik festhält, hat eine Kehrseite. Die Kette großer Erfolge liegt lange zurück. »Bis in die 1950er Jahre waren wir jene mit den meisten Titeln in Spanien«, sagt Asier Arrate Sustatxa, der Verantwortliche des Museums. Danach wurde Bilbao von den Megaclubs Real Madrid und FC Barcelona überrollt, die neben Titeln auch riesige Schuldenberge anhäuften, worüber sie lieber den Mantel des Schweigens breiten. Aber: 2024 wurde Bilbao spanischer Pokalsieger.

Der Museumsstreifzug führt an Vitrinen mit Trophäen vorbei. Videos zeigen Traumtore aus der Geschichte, unterlegt mit allzu heroischen Tönen. Dann kommt man an den Rasen des modernen Stadions, ins Pressezentrum, in die Kabine. Arrate Sustatxa ist stolz darauf, dass sein Club heute 44.000 Mitglieder und 450 Fanclubs in aller Welt hat. Seit Beginn des Jahrtausends gibt es auch Frauenfußball und ein Erstligateam, das schon mehrfach die Meisterschaft gewonnen hat. Die Spielerinnen heißen »Leonas« – »Löwinnen«.

Adresse Museo Athletic Club, Estadio de San Mamés (zwischen den Stadiontoren 19 und 20), Calle Rafael Moreno »Pichichi«, 48013 Bilbao, https://sanmames.athletic-club.eus | ÖPNV Busbahnhof (Termibus/Bilbao Intermodal, Calle Gurtubay 1) unterirdisch ganz in der Nähe des Fußballstadions, ansonsten nächste Metro-Station San Mamés | Öffnungszeiten Museum: März–Juni, Sept., Okt. Di–So 10–20 Uhr, Juli, Aug. täglich 10–20 Uhr, Nov.–Febr. Di–So 10–19 Uhr | Tipp Nah am Stadion übernachtet man im Abba Euskalduna Hotel (Ventosa Bidea 34, www.abbahoteles.com).

14 Die Grabpaläste

Statussymbole auf dem Friedhof

Friedhöfe sind Orte von Trauer und Abschied, Spiegelbilder von Geschichte, Gesellschaft, Mentalität. Sie geben Aufschluss zu Epochen der Bildhauerei und Architektur. So wie die große Totenstadt von Bilbao, die nordöstlich auf die Gemeinden Derio und Zamudio entfällt und den grotesken Beinamen »Vista Alegre« (deutsch: »Heitere Aussicht«) trägt.

Historische Familiengrabpaläste und -kapellen laden zu einem Spaziergang durch das 20. Jahrhundert ein, in dem Bilbao seine Geschichte als eine der wichtigsten Industrie- und Industriellenstädte Spaniens fortschrieb. »Namen wie Ybarra, Chavarri, Martínez de las Rivas und Olabarri«, klärt die Friedhofsbroschüre auf, waren untrennbar mit dem industriellen Fortschritt im Baskenland verbunden. Die Friedhofspracht manifestiert sich in überkuppelten Bauten und einem dekorativen Repertoire, das über Marmorskulpturen bis hin zu Bronzeplatten reicht, die der Gedenkkapelle Ybarra wie Fischschuppen aufsitzen. So setzt sich das Statussymbol-Denken über das Ende hinaus fort.

Ein Abgang führt in die vom Architekten Manuel Ignacio Galíndez gestaltete Krypta mit Resten von Bürgern aus Bilbao, die bei Bombardements im Spanischen Bürgerkrieg von 1936 bis 1939 den Tod fanden. Im Dunkel der Krypta hebt sich ein Lichtdom ab. Oberirdisch wurzeln Agaven, Palmen, Magnolien. Hinter Wiesenstücken laufen zu beiden Seiten Arkadengänge auf die Kapelle zu, bei denen der Architekt Edesio de Garamendi byzantinische und romanische Vorbilder in Einklang brachte. Die Gewölbe der Gänge sind blau ausgemalt, der Zugang zur Kapelle führt an zwei geflügelten Marmorlöwen vorbei.

Der Wind streift durch Zypressen. Vogelgezwitscher erklingt. Gelegentlich tauchen am Himmel größere, andersartige Vögel auf. 1902, im Jahr der Eröffnung, lag das Areal weit vor den Toren der Stadt. Heute ist Bilbaos Flughafen nicht fern. Dort beginnt oder schließt sich für viele Baskenland-Besucher der Kreis der Reise.

Adresse Cementerio de Vista Alegre, Calle Santimami Auzoa 4, 48170 Zamudio | Anfahrt an der Landstraße BI-737, am besten über Derio erreichbar | Öffnungszeiten Juni–Sept. täglich 8–20 Uhr, Okt.–Mai täglich 8–18 Uhr | Tipp Gesonderte Beachtung verdienen die Umfassungsmauern des Friedhofs mit den regelmäßig wiederkehrenden Reliefs von Alpha und Omega, den Symbolen für Anfang und Ende.

15 Die grüne Lunge

Flanieren durch den Stadtpark

Zwar bringt der Fluss Nervión ein wenig Natur in die Stadt und den Tidenhub vom Atlantik heran, doch größere Grünflächen sind Mangelware. Auch die Bepflanzungen an den Flussufern und beim Guggenheim-Museum sind eher spärlich. Wie gut, dass es den Parque de Doña Casilda de Iturrizar gibt, den Stadtpark. Er ist Bilbaos grüne Lunge.

Der Park wurzelt im Jahr 1907 und auf einem Projekt des einheimischen Architekten Ricardo de Bastida, der sich an englischen Vorbildern orientierte. Die Grünanlage trägt den Namen der Wohltäterin Casilda de Iturrizar (1818–1900), die mit dem Geschäftsmann und Bankmagnaten Tomás Epalza Zurbarán verheiratet war. Nach dessen Tod im Jahr 1879 steckte sie große Summen in Hilfsprojekte und genoss fortan Verehrung.

Wer hier herumflaniert, freut sich über die großzügig angelegten Wiesenflächen, die Bestände an Sträuchern und Bäumen, die Ruhebänke. Der Park spannt sich westwärts bis zur Straße, die am Kongress- und Musikpalast Euskalduna vorbeiführt, und östlich bis zum Museum der Schönen Künste (siehe Ort 20). Über dem Grün steigt markant der Iberdrola-Turm auf, das mit 165 Metern höchste Gebäude Bilbaos. Der Turm trägt den Namen der Stromgesellschaft, bei der die Preise für Kunden – wie in anderen Ländern – beständig klettern. Böse Zungen mutmaßen, dass der Bau des Architekten César Pelli aus der Portokasse finanziert werden konnte. Umzogen von einem Blumenbeet, erinnert im Park ein kleines Memorial an »alle Opfer des Terrorismus in Bilbao«. Gemeint sind die Opfer von Attentaten der baskischen Untergrundorganisation ETA, die sich im Jahr 2018 auflöste.

Man kommt jedoch nicht in den Park, um über Vergangenes zu sinnieren, sondern im Hier und Jetzt eine Auszeit im urbanen Strudel zu nehmen. Wasserspiele verströmen Ruhe. Eine Brise spielt in Trompetenbäumen, Japanischen Wollmispeln, Ginkgos und Palmen.

Adresse Parque de Doña Casilda de Iturrizar, 48011 Bilbao | ÖPNV nächste Metro-Stationen Moyúa und San Mamés | Tipp Der Kongress- und Musikpalast Euskalduna in der Avenida Abandoibarra 4 bietet fast 2.200 Besuchern Platz und ein reichhaltiges Veranstaltungsprogramm, darunter Ballett und klassische Konzerte (www.euskalduna.eus).

16 Das Guggenheim-Museum

Kostenlose Kunst beim Außenrundgang

Wie Fischschuppen, so sagt man, sitzen die hauchdünnen Titanplatten dem Museumsgiganten Guggenheim auf und hatten bei dessen Bau von 1993 bis 1997 eine garantierte Haltbarkeitsdauer von 100 Jahren. Wer mag bis 2093 auf das Garantieversprechen pochen? Jedes Jahr wirken sie etwas angelaufener. Schließlich ist das vom Atlantik beeinflusste Klima Bilbaos rau und regenreich.

Beim Außenrundgang bleibt der Titanbelag Blickbegleiter – doch nicht nur der. Hier stößt man auf diverse Werke kostenloser Kunst. Zur Flussseite des Nervión hin öffnet sich Frank O. Gehrys Bauwerk mit Wassergärten, über denen gewöhnlich zur vollen Stunde für kurze Zeit die »Nebelskulptur« der japanischen Künstlerin Fujiko Nakaya (Jahrgang 1933) aufsteigt. Auch die Schwaden sind, so lernen wir, Kunst in vergänglicher Form. Dagegen hat die Plastik »Der große Baum und das Auge« des indischen Bildhauers Anish Kapoor (Jahrgang 1954) seinen festen Platz über den Wassergärten. Das silbern schimmernde Gebilde aus rostfreiem Stahl ergänzt die Reflexionen der Titanplatten und basiert auf ausgefeilten strukturellen und mathematischen Grundlagen. Die 73 Elemente, die um 3 Achsen angeordnet sind, gleichen Ballons.

Ebenfalls fest verankert bei der Außenrunde sind zwei gigantische Tiere: die Bronzespinne »Mama« der Französin Louise Bourgeois (1911–2010) an der Flusspromenade und »Puppy«, der Blumenhund des US-Amerikaners Jeff Koons (Jahrgang 1955) auf der oberen Esplanade. Je nach Jahreszeit wird das aus rostfreiem Stahl bestehende »Skelett« des Blumenhunds neu bepflanzt und automatisch bewässert.

Den besten Blick auf das Museum bietet die Flussbrücke La Salve, die die darunter liegende längste Museumsgalerie regelrecht einklammert. Oben auf der Brücke stört zwar der Verkehrslärm, aber das Panorama macht alles wett.

Adresse Museo Guggenheim, Avenida Abandoibarra 2, 48009 Bilbao, www.guggenheim-bilbao.eus | ÖPNV für den Überlandverkehr wichtiger Busbahnhof (Termibus/Bilbao Intermodal, Calle Gurtubay 1) unterirdisch nahe dem Fußballstadion; nächster Metro-Halt zum Museum Station Moyúa, nächste Bushaltestelle der Linien 10 und 38 | Öffnungszeiten Di–So 10–19 Uhr, im Sommer auch Mo | Tipp Luxus beim Museum: Edel übernachtet man im Gran Hotel Domine (Alameda de Mazarredo 61, www.hoteldominebilbao.com).

17 Der Hausberg Artxanda

Standseilbahnfahrt und »Balkon von Bilbao«

Ein leichter Ruck – und es geht los zur entspannendsten Kurzfahrt in Bilbao, gekrönt vom besten Ausblick über die Stadt. Drei Minuten braucht die Standseilbahn von der Talstation auf den Hausberg Artxanda. Die Strecke ist 770 Meter lang. Das Höchsttempo beträgt 18 Stundenkilometer. Die Bahn überbrückt einen Höhenunterschied von 226 Metern.

Die Artxanda-Standseilbahn (spanisch: Funicular de Artxanda) bringt seit 1915 Passagiere hinauf. Tragische Einschnitte waren die Zerstörungen im Spanischen Bürgerkrieg und ein Kabelriss im Jahr 1976, was einen siebenjährigen Stillstand nach sich zog. In früheren Zeiten, so wird kolportiert, nutzten Bergbewohner den Transport, um ihre Mopeds zur Reparatur und Kälber zum Schlachthof zu bringen.

Heute bewegt sich die Bahn auf dem neuesten Stand der Technik. Die modernen knallroten Kabinen verkehren fast lautlos und haben eine Kapazität von maximal 70 Passagieren. Das erste Stück führt durch einen beleuchteten Tunnel, dahinter beginnt sattes Grün. Es geht steil bergan, die Steigung liegt bei maximal 45 Prozent. An einer zweigleisigen Stelle kommt Gegenverkehr von der Bergstation.

Nach der Ankunft empfängt der Gipfelpark mit Bäumen, Ruhebänkchen, gepflegten Blumenbeeten. Hier fühlt man sich weit weg von den urbanen Auswüchsen und doch nah dran. Der Weg führt unweigerlich an die Geländer am Parkrand. »Balkon von Bilbao« sagen die Einheimischen gern dazu. In Rot prangt der Stadtname auch auf Baskisch – Bilbo – an den Abgrenzungen.

Die Panoramen sind nicht zu toppen. In der Tiefe breitet sich die größte Stadt des Baskenlands wie auf dem Präsentierteller aus. Das Guggenheim-Museum glitzert in der Sonne. Ins Bild schieben sich der Flussstrang des Nervión, die Brücken, das Fußballstadion San Mamés, die Promenaden, der rostbraune Kongress- und Musikpalast Euskalduna, die bescheidene Altstadt und der Iberdrola-Turm.

Adresse Talstation der Funicular de Artxanda, Plaza del Funicular (baskisch: Funikularreko Plaza), 48007 Bilbao, https://funicularartxanda.bilbao.eus | ÖPNV nächster Metro-Halt Station Matiko | Öffnungszeiten Standseilbahn: Anfang Juni–Ende Sept. Mo–Do 7.15–22 Uhr, Fr und Sa 7.15–23 Uhr, So 8.15–22 Uhr, ansonsten Mo–Sa 7.15–22 Uhr, So 8.15–22 Uhr | Tipp Wer kein normales Ticket kauft, sondern die wiederaufladbare Chipkarte »Barik« für den Transport in öffentlichen Verkehrsmitteln benutzt, bezahlt nur einen Bruchteil des normalen Fahrpreises.

18 Das Konsulatsboot

Der Star der Sammlung im Maritim-Museum

Dieses Wasserfahrzeug liegt auf dem Trockenen. Die Hölzer an den Seiten sind elegant verziert, vorne befinden sich Ruder auf den Bänken. Der hinten befestigte Aufsatz mit seinen Vorhängen und dem Baldachin – alles in Samtrot – ähnelt einer Sänfte. Eindruck schinden beim Volk, die Macht präsentieren, darum ging es bei dieser zeremoniellen Barkasse (spanisch: falúa) des Meereskonsulats. Sie ist der Star der Sammlung im Maritim-Museum des Meeresarms von Bilbao (spanisch: Museo Marítimo Ría de Bilbao, baskisch: Itsasmuseum), obgleich es sich »nur« um einen Nachbau handelt.

1511 erfolgte die Gründung des Meereskonsulats, dem es oblag, den Handel im Hafen und im Meeresarm zu regulieren. Weitere Aufgaben bestanden darin, die erforderliche Infrastruktur zu schaffen und aufrechtzuerhalten, nautische Studien voranzutreiben sowie Kapitäne und Lotsen auszubilden. Über die Rolle des Bootes heißt es auf der begleitenden Infotafel: »Die Macht des Konsulats zeigte sich bei offiziellen Zeremonien und Feierlichkeiten der Stadt Bilbao, bei denen die Barkasse, die das Gefolge der Autoritäten durch den Meeresarm steuerte, eine Hauptrolle spielte.« Der wichtigtuerische Aufzug wurde durch Trommelbegleitung und die am Heck wehende Fahne mit dem Konsulatswappen verstärkt. Einmal im Jahr kam es zu einer Flussprozession bis Portugalete, wo die Vertreter der Obrigkeit symbolisch eine Boje ins Wasser warfen, um den Bereich ihrer Rechtsprechung zu markieren.

Das Meereskonsulat verschwand 1829, doch die Barkasse war noch bis Ende des 19. Jahrhunderts in Betrieb. 1999 gab die Stiftung des Museums den Nachbau des knapp 14 Meter langen und 3 Meter breiten Bootes in Auftrag. Da Originalpläne fehlten, orientierte man sich an einem historischen Ölgemälde. Bei den Hölzern wurde an nichts gespart. Mahagoni kam aus Honduras, Eiche aus Frankreich, Pinie aus dem US-Staat Oregon und Teakholz aus Myanmar.

Adresse Museo Marítimo Ría de Bilbao / Itsasmuseum, Muelle Ramón de la Sota 1, 48013 Bilbao, https://itsasmuseum.eus | **ÖPNV** nächste Metro-Station San Mamés | **Öffnungszeiten** Di–So 11–19 Uhr | **Tipp** Fotogen im Außenbereich des Museums ist der rote, 60 Meter hohe Kran »Carola«, der in einer Werft zum Einsatz kam.

19_Das Lokal »Ein Prosit«

Das Vermächtnis eines deutschen Auswanderers

Bei Enrique Thate dreht sich das Leben um die Wurst. Genauer gesagt: um Bockwurst, Bratwurst und würzigen Aufschnitt. Dergestalt pflegen und ehren er und seine Familie das Vermächtnis des deutschen Großvaters Hermann Thate, der vor über einem Jahrhundert ein neues Leben in Bilbao begann. Dort betreiben die Thates das Lokal »Ein Prosit«, das für einen lukullisch-kulturellen Brückenschlag zwischen Spanien und Deutschland steht.

Die Vita des Hermann Thate (1881–1956) war wechselvoll. Er stammte aus Friedeburg an der Saale und nahm in Sachsen einen ersten Job als Förster an. Es zog ihn jedoch in die Ferne. Zu Beginn des 20. Jahrhunderts verschlug es ihn nach Südwestfrankreich, wo er im Küstenstädtchen Saint-Jean-de-Luz eine Arbeit als Maître in einem Spitzenhotel aufnahm und sich in Magdalena verliebte, mit der er vier Kinder haben sollte. Unter der Bedrohung des Ersten Weltkriegs kreuzte er die Grenze nach Spanien, das im Krieg neutral blieb. Er lernte den Besitzer des Cafés Iruña in Bilbao kennen, der Thate mit der Leitung beauftragte. 1918 wurde er in Bilbao ansässig und richtete später eine eigene Kneipe mit dem Namen »Gambrinus« ein. Deren Erfolg basierte auf hausgemachten Metzgerwaren nach deutschen Rezepten. Dazu hatte Hermann Thate einen befreundeten Fleischer aus Berlin ins Baskenland geholt, von dem er die gesamte Herstellung lernte. 1922 eröffnete er »La Moderna«, die erste deutsche Metzgerei in Bilbao.

Enkel Enrique Thate zeichnet die Höhen und Tiefen der Geschäftsentwicklung nach: vom Spanischen Bürgerkrieg bis zur Corona-Krise. »Wir sind immer vorwärtsgegangen«, sagt er voller Stolz. Im Lokal »Ein Prosit« finden deutsche und spanische (Ess-)Kultur zusammen, ob mit Wurst aus der Eigenproduktion, Bier, Wein, Häppchen oder den Dekorationen an der Wand. Außerdem ist »Ein Prosit« eine Fankneipe des einheimischen Fußballclubs Athletic Bilbao (siehe Ort 13).

Adresse Plaza del Ensanche 7, 48009 Bilbao, Tel. +34/944241311 | **ÖPNV** nächste Metro-Station Moyúa | **Öffnungszeiten** Di, Mi 9.30 – 23.30 Uhr, Do 9.30 – 24 Uhr, Fr 9.30 – 0.30 Uhr, Sa 11 – 0.30 Uhr, So 11 – 17 Uhr | **Tipp** Die traditionelle Thate-Metzgerei La Moderna verkauft auch hausgemachte spanische Würste (Colón de Larreátegui 25).

20 Das Museum der Schönen Künste

Neuer Mantel und alte Meister

Lange führte es ein Schattendasein, doch die Besucherzahlen explodierten erst so richtig mit dem Run auf das Guggenheim-Museum. Mehr und mehr Kulturtouristen kamen in die Stadt und interessierten sich nun auch für das bereits 1914 eröffnete Museum der Schönen Künste (spanisch: Musco de Bellas Artes). Als nüchternes, funktionales, biederes Gebäude mit Backsteinelementen war es – vor allem im Vergleich mit dem imposanten Guggenheim – eher ein Weggucker. Dass es drinnen vorbildlich aufbereitet war und eine wertvolle Werkfülle beinhaltete, sah man ihm von außen nicht an. Was viele für längst überfällig hielten, ist durch das Reform- und Erweiterungsprojekt von 2023 bis 2025 Wirklichkeit geworden. Nun erregt das Museum in Außenansicht Aufmerksamkeit und weckt die Neugier.

Die alten Ausstellungssäle blieben erhalten, ohne dass die Abrissbirne zum Einsatz kam. Ergänzt wurde das Museum darüber durch einen regelrecht schwebenden Trakt nach den Plänen des britischen Architektenstars Norman Foster: ein Hingucker aus Aluminium und Glas. Dank einer Zusatzfläche von 6.000 Quadratmetern ist mehr Platz für die Sammlung, die sich vom 12. Jahrhundert bis in die Gegenwart spannt.

Der neue Mantel belässt die alten Meister unangetastet – und davon gibt es hier eine ganze Menge. In der Gemäldekollektion sind Spanier von Weltruf wie Francisco de Zurbarán und Francisco de Goya ebenso vertreten wie Lucas Cranach der Ältere, El Greco, Anthonis van Dyck, Robert Delaunay und Francis Bacon. Zu den Höhepunkten zählen das »Burleske Fest« des flämischen Renaissancemalers Jan Mandijn (um 1502–1560) und die von Juan Muñoz (1953–2001) geschaffenen »Hängenden Figuren« aus Polyesterharz, die in ständiger Bewegung an Schnüren von der Decke baumeln und echten Menschen erschreckend ähneln.

Adresse Plaza del Museo 2, 48009 Bilbao, www.bilbaomuseoa.eus | ÖPNV nächste Metro-Station Moyúa | Öffnungszeiten Mo, Mi–Sa 10–20 Uhr, So 10–15 Uhr | Tipp Der Laternenwald vor einer Seite des Museums gibt ein lohnendes Fotomotiv ab. Das Ensemble heißt »Fanal. Jardín de delicias« und ist ein Werk des baskischen Künstlers Juan Luis Moraza.

21 Die »schiefe« Basilika

Gotteshaus im Grünen und mit Gefälle

Schwer atmend mehr als 300 Treppenstufen aufwärts? Oder bequem in 40 Sekunden per Aufzug hinauf in die Oberstadt? Dort empfängt die Basilika Begoña nach einem kurzen Fußweg mit einer majestätischen Fassade, die ab 1902 erneuert wurde. Ursprünglich datiert die Kirche vom Beginn des 16. Jahrhunderts, sie vereint eine Mischung aus Renaissance und Nachklängen der Spätgotik. Die Überlieferung will, dass sich an derselben Stelle zuvor im Wald eine Marienerscheinung ereignete. Nachprüfbare Fakten? Natürlich keine. Einzig der Glaube daran zählt. »Unsere Liebe Frau von Begoña«, ein Madonnenbildnis, wird als Patronin der hiesigen Provinz Biscaya verehrt.

Die Basilika ist von Grün umgeben. Beim Eintritt stutzt man. Es geht leicht aufwärts. Der Holzboden steigt an. Das Gefälle dürfte bei zwei Prozent liegen. »Das Gebäude wurde einfach dem Berghang angepasst«, erklärt der Küster. Das erste Ziel der Gläubigen ist nicht Maria, die Mutter, sondern der Sohn. Rechts hinter dem Eingang beten sie vor einer Skulptur des Gekreuzigten, küssen ein Knie, berühren das andere flüchtig. Die Stilfremdheit elektrischer Kerzenkästen scheint niemanden zu stören, sie schlucken reichlich Münzen. Über der Christusskulptur thematisiert ein Gemälde eine Bittprozession für »Unsere Liebe Frau von Begoña« im Jahr 1855, als die Cholera grassierte.

Der Marienschrein, das Allerheiligste, ist in einen mit Blattgold überzogenen Hochaltar gefasst. Die polychromierte Holzfigur misst 1,17 Meter. Sie trägt das Kind auf dem Schoß, aus ihrem Ausdruck sprechen Weisheit und Güte. »Es ist ein glänzendes Meisterwerk der Bildhauerkunst des 16. Jahrhunderts, das mit vielen ähnlichen Marienfiguren der Herrschaft von Biscaya zusammenhängt, auch wenn es die anderen an Schönheit und Schmuckelementen sowie an Vorrang und Verehrung übertrifft«, heißt es in einer lokal stark eingefärbten Schrift zur Basilika.

Adresse Basílica de Begoña, Calle Virgen de Begoña 38, 48006 Bilbao | ÖPNV Aufzug oder Aufstieg von der Plaza de Unamuno in der Altstadt; nächste Metro-Station Casco Viejo | Öffnungszeiten Mo–Sa 8.30–13.30 und 17.30–20.30 Uhr, So 9.30–13.30 und 17.30–20.30 Uhr | Tipp Obgleich der 11. Oktober als Patronatstag begangen wird, herrscht am 15. August, an Mariä Himmelfahrt, der größte Zulauf. Vor der Basilika herrscht dann ein Gewimmel an Ständen, an denen man sich stärken und typische Aniskringel kaufen kann.

22 Die Sieben Gassen

Das Herz der Altstadt

Abseits der Museumsmoderne erschließt sich ein ganz anderes Bilbao. »Sieben Gassen« (spanisch: Siete Calles), so heißt das Konglomerat des historischen Viertels. Hier liegt die Keimzelle der Flusshafenstadt, die im Jahr 1300 offiziell von Diego López de Haro begründet wurde. In der vom Durchgangsverkehr befreiten Fußgängerzone geht es geschäftig zu. Hier halten sich Einzelhandelsläden lebendig, die auf persönlichen Service setzen. Die Gebrauchsanweisung zur Entdeckung lautet, auf Balkone mit Pflanzenschmuck und schmiedeeisernen Gittern zu achten, auf Glasgalerien, Türklopfer, kunstvolle Laternen, wappenverzierte Häuser.

Mitunter sieht man eine »Ikurriña«, die Flagge des Baskenlands. Über einen roten Hintergrund legen sich ein weißes Kreuz und ein grünes Andreaskreuz. Das Weiß symbolisiert Gott. Das Grün schlägt den Bogen zur berühmten Eiche von Gernika, dem Symbol der Selbstbestimmtheit und Freiheit der Basken. Entworfen wurde die Flagge Ende des 19. Jahrhunderts von den Brüdern Luis und Sabino Arana. Letztgenannter gilt als Urvater des baskischen Nationalismus, wie er bis heute nachwirkt. Sabino Arana (1865–1903) begründete auch die Baskische Nationalistische Partei (Euzko Alderdi Jeitzalea – Partido Nacionalista Vasco).

Die Sieben Gassen sind tatsächlich sieben, darunter die Calle Carnicería Vieja, abgeleitet von »Fleisch« (spanisch: carne). Dort befand sich Bilbaos erster Schlachthof. Längst verschwunden sind die einstigen Stadtmauern, die den historischen Kern umfassten.

Das Gassengeflecht, das sich eben noch zusammengeschnürt hat, öffnet sich zum Vorplatz der Kathedrale hin, die dem heiligen Jakobus geweiht ist und mit ihrem Spitzturm imponiert. Ein massiges Holzportal führt ins Innere. Begonnen wurde der Dom im gotischen Stil, doch Brände und Hochwasserschäden zeitigten Veränderungen. Charakteristisch an der Seite ist die Säulenvorhalle. Hier führt die Küstenvariante des Jakobsweges entlang.

Adresse Siete Calles, 48005 Bilbao | ÖPNV nächste Metro-Station Casco Viejo | Tipp In Nachbarschaft zu den Sieben Gassen – zum Fluss Nervión hin – liegt die Markthalle Mercado de la Ribera. Die ursprüngliche Architektur von 1929 hat ein Facelifting bekommen.

23 Die Treidlerinnen

Ein Kunstwerk für vergessene Frauenpower

Vier Frauen bilden über den Flussufern des Nervión eine kleine Kette, untereinander verbunden durch ein schweres Seil, das ihre Oberkörper umschlingt. Ihre Erschöpfung lässt sich nur erahnen. Der Ausdruck in ihren Gesichtern ist eher abständig, fatalistisch, vertieft in den Kraftakt. »Zirgariak – Sirgueras«, so lautet der baskisch-spanische Titel dieses Open-air-Denkmals, was sich mit »Treidlerinnen« übersetzen lässt. Es ist eine Skulpturengruppe aus Stahl. Doch was soll das Kunstwerk bedeuten, das an der Uferpromenade zwischen dem Guggenheim-Museum und der »Weißen Brücke« von Santiago Calatrava ein wenig befremdet? Es ist eine Hommage an die Frauenpower vergangener Zeiten, von der nordspanischen Bildhauerin Dora Salazar aus der Versunkenheit der Geschichte geholt. Dahinter steht eine traurige Geschichte von Ausbeutung und zermürbender Arbeit.

Treideln bezeichnet das Voranziehen von Schiffen von Land aus. Vor der Erfindung von Zugmaschinen oder Treidelloks standen dafür Zugtiere wie Pferde oder Ochsen zur Verfügung, die mit den Booten über Seile verbunden waren. In der Hafenstadt Bilbao kamen die Reeder im 19. Jahrhundert auf die Idee, Frauen statt Tiere beim Ziehen von Lastkähnen einzusetzen. Das hatte seine Gründe, wie die Autoren der Website baskultur.info treffend ausführen: »Lasttiere wurden zu teuer, sie brauchten Nahrung, mussten untergebracht und gepflegt werden. Und wenn viele Schiffe gleichzeitig ankamen, mussten mehrere Ochsenpaare zur Verfügung stehen. Auch Männer wären für diese schwere körperliche Arbeit in Frage gekommen, allerdings war ihre Verfügbarkeit durch die vielen Kriege im Laufe des 19. Jahrhunderts stark eingeschränkt.«

Die bestialische Schufterei der Frauen wurde nicht gewürdigt. Sie mussten sich vor ihren Auftraggebern als Tagelöhnerinnen präsentieren, wurden mit Hungerlöhnen abgespeist und geringschätzig behandelt.

Adresse Paseo de Uribitarte, 48001 Bilbao | ÖPNV nächster Metro-Halt Station Moyúa | Tipp Das Denkmal ist eine Zwischenstation zwischen Guggenheim-Museum und Altstadt – da kann man insgesamt etwa 1,5 Kilometer herrlich am Fluss entlangschlendern.

24 Der typische Platz

Urbaner Treff mit Arkaden und Pintxos

Wer sich dem Baskenland und den Basken – oder Spanien und den Spaniern – annähern will, mischt sich auf einem Hauptplatz unters Volk. Dazu eignet sich im Herzen von Bilbao der »Neue Platz«, die Plaza Nueva, die von Arkaden umzogen und mit etwas Grün aufgelockert ist. Sogar grazile Palmen ragen auf.

Die Plaza Nueva stammt aus der Mitte des 19. Jahrhunderts. Der Stil ist neoklassisch und der Platz im gesamtspanischen Vergleich gutes Mittelmaß. Er gehört weder zu den schönsten im Land – die verortet man in Salamanca und Madrid – noch mit seinen 3.400 Quadratmetern zu den größten. Doch er ist ein typisch urbaner Treffpunkt, wo man Atmosphäre tankt wie in den Kneipen rundherum Alkoholika, wo man sich auf den Terrassen niederlässt und Freunde und Bekannte trifft.

Für Basken respektive Spanier fungieren Plätze wie dieser als verlängerte Wohnzimmer. Im privaten Rahmen lädt man eher ungern zu sich nach Hause ein, sondern verabredet sich irgendwo an neutraler Stätte draußen. Insofern sind Plätze die wahren Schaufenster des Lebens. Jeder Platz – und da reiht sich die Plaza Nueva nahtlos ein – ist eine Oase, ein eigener Kosmos, in sich geschlossen und zugleich für jedermann offen. Er ist eine städtische Vorzeigeadresse, entsprechend gepflegt und für den Durchgangsverkehr gesperrt. Die Zugänge auf die Plaza Nueva sind recht unscheinbar, doch dann öffnet sich ein wunderbares Rechteck. Durch alle Gesellschaftsschichten und Jahreszeiten findet sich ein bunter Querschnitt ein – und die Einheimischen pflegen ihre Rituale. So wie den Aperitif vor dem Mittagessen: mit einem Bier oder Wein oder Wermut und Häppchen dazu, die in Spanien »Tapas«, hier im Baskenland »Pintxos« heißen. Unter den Locals geht es laut und lebhaft zu. Kinder haben freien Auslauf in der Mitte des Platzes, toben und kreischen nach Herzenslust. Und in den Arkaden fängt sich der Stimmenhall aller.

Adresse Plaza Nueva, 48005 Bilbao, www.bilbaoturismo.net | **ÖPNV** nächste Metro-Station Casco Viejo, nächste Bushaltestellen der Linien 22, A 3122 und A 3136 | **Tipp** Eine beliebte Einkehradresse an der Plaza Nueva 6 ist die Café-Bar Bilbao, die ihre Bewirtungstradition seit 1911 pflegt (www.bilbao-cafebar.com).

25 Die weiße Taube

Architektonischer Auftakt am Flughafen

Hier beginnt für viele Gäste die Reise durchs Baskenland: nordöstlich von Bilbao am internationalen Flughafen beim Vorort Loiu. Der außergewöhnlichen Region gebührt ein außergewöhnlicher Auftakt, nämlich mit der »Taube« (spanisch: paloma). So lautet der Spitzname des Terminalbaus, der auf den spanischen Stararchitekten Santiago Calatrava zurückgeht. Seine stilisierte »Taube« erstrahlt in Weiß. Sie zeichnet sich durch eine formvollendete Symmetrie und Glaselemente aus, wirkt statisch und dynamisch zugleich, hat den Kopf erhoben und die Flügel ausgebreitet. Herzlich willkommen!

Calatrava, Jahrgang 1951, stammt aus der Mittelmeermetropole Valencia, wo er in der »Stadt der Künste und Wissenschaften« einen Markstein seines Schaffens hinterlassen hat. Doch sein Œuvre ist rund um den Erdball vertreten, ob in Lyon, Lüttich, Lissabon, Kopenhagen oder New York. Für Dubai entwarf er den »Dubai Creek Tower« als bislang höchstes Gebäude der Welt. Calatrava pflegt eine elegante Formensprache. Er hat auf seine Weise Einflüsse der Architektur quer durch die Zeiten verarbeitet, ob aus der Gotik oder dem Jugendstil Kataloniens von Antoni Gaudí. Zu seinen Steckenpferden zählen Brücken, wie er sie für Dublin und Sevilla entwarf; auch im Zentrum Bilbaos geht ein Flussübergang auf ihn zurück, die »Weiße Brücke« (baskisch: Zubizuri) unweit des Guggenheim-Museums. Für sein Schaffen hat er schon viele Preise erhalten – aber auch Schelte. Den Kongresspalast im nordspanischen Oviedo führte er mangelhaft aus, weshalb er gerichtlich zu Schadensersatz in Millionenhöhe verurteilt wurde.

Schweben Passagiermaschinen auf die »Taube« von Bilbao zu, werden sie gelegentlich durchgeschüttelt. Der Anflug ist nichts für unerfahrene Piloten, denn in dem breiten, nahe dem Golf von Biscaya gelegenen Talbecken um Loiu toben manchmal Winde. Umso erleichternder, wenn man am Ende heil auf die »Taube« zurollt.

Adresse Aeropuerto de Bilbao, 48180 Loiu, www.aena.es | ÖPNV Bus A 3247 vom Flughafen in die Innenstadt und bis zum Busterminal »Termibus« für Überlandbusse; alternativ stündlich Direktbusse nach San Sebastián (www.pesa.net) | Anfahrt mit dem Mietwagen durch den Artxanda-Tunnel in die Stadt oder über die Nationalstraße N-637 südostwärts auf die Autobahn AP-8 | Tipp Wer länger in Bilbao bleibt und die öffentlichen Verkehrsmittel nutzen will, sollte sich die wiederaufladbare »Barik«-Chipkarte besorgen.

26__Der bemalte Wald

Wo Natur und Kultur einzigartig verschmelzen

Eigenwillig trieb der baskische Künstler Agustín Ibarrola (1930–2023) die Verzahnung von Natur und Kultur vor Jahrzehnten auf die Spitze. Er bemalte Hunderte Kiefernstämme und nutzte die Landschaft als Leinwand. Allmählich wurden die Bäume alt und krank. Bis Ende 2023 entstand ganz in der Nähe ein neuer bemalter Wald, wobei der hochbetagte Meister nicht mehr selbst Hand anlegte, sondern ein interdisziplinäres Künstler- und Expertenteam in Abstimmung mit der Familie. Auf Spanisch heißt er »Bosque de Oma«, also »Wald von Oma«, was auf Deutsch verwirrend klingt. Er hat nichts mit einer Großmutter zu tun. »Oma« lautet schlichtweg der Name des umliegenden Tals.

Der Ursprung der Geschichte geht so: Eines Tages spazierte Ibarrola – wie so oft – nahe seinem Landhaus durch den baskischen Forst. Da brach es wie aus dem Nichts aus ihm heraus. Er sagte zu seiner Frau: »Ich werde den Wald bemalen.« Gesagt, getan. Ibarrola begann 1982, Stämme zu bepinseln, aber nicht wahllos, sondern nach festen Vorstellungen. Er spielte mit Perspektiven und Dimensionen, schuf tiefe Raumwirkungen, überraschende Blickwinkel. Daran knüpft der neue »Wald von Oma« an.

Über 800 bemalte Bäume setzen sich zu 34 Ensembles zusammen. »Der Regenbogen« besteht aus geballter Farbwucht, verteilt auf eine Vielzahl von breiten Ringen und Kringeln um Kiefern, die in eine Senke abfallen. Bei anderen Kombinaten gilt es, einen auf dem Boden markierten Standpunkt einzunehmen. Erst so erschließt sich »Der Kuss«, bei dem zwei Lippenstücke hintereinander versetzt auf unterschiedliche Bäume aufgetragen sind. So macht der Künstler die Betrachter zu stillen Komplizen. Er überrascht sie, fordert sie heraus, belässt ihnen Freiräume zur Reflexion, drängt sie aber immer wieder zu fixen Punkten für das Offenbarungserlebnis. Höhepunkte beim 1,5 Kilometer langen Rundgang sind die Sektionen »Augen« und »Nukleare Bedrohung«.

Adresse Valle de Oma, 48315 Kortezubi | Anfahrt nordöstlich von Gernika über die Landstraße BI-2238, dann Abzweig zum Parkplatz der Höhle von Santimamiñe, von dort 2,8 Kilometer zu Fuß über einen breiten Forstweg bis zum Einstieg | Öffnungszeiten Reservierung eines Zeitfensters über die Website www.bizkaia.eus notwendig, Informationen unter Tel. +34/944651657 oder per E-Mail an oma@bizkaia.eus | Tipp Am Parkplatz der Höhle von Santimamiñe bietet sich das Restaurant Lezika vor oder nach dem Waldbesuch zur Einkehr an (www.restaurantelezika.com).

27 Die Tropfsteinhöhle

Eine Orgel, Korallengärten und eine Hexe

Es ist ein abgeschiedener Flecken im äußersten Nordwesten des Baskenlands im Naturpark Armañón. In den Bergen florierte einst ein Steinbruch, wo man nach feuerfesten Steinen zur Auskleidung von Hochöfen in der Metallindustrie suchte. Bei einer Sprengung im Jahr 1957 legte man ungewollt den Zugang zur Höhle von Pozalagua (spanisch: Cueva de Pozalagua) frei und entdeckte eine Wunderwelt aus Stalagmiten und Stalaktiten.

Die Tropfsteinhöhle hat relativ kleine Dimensionen von 125 Meter Länge, 75 Meter Breite und 20 Meter Höhe. Beim Eintritt schickt sie ihren kühlen Atem entgegen. Die Temperatur liegt konstant bei 13 Grad Celsius, die Luftfeuchtigkeit bei 95 Prozent. Voran geht es bei Gruppenführungen über Treppen und Metallgitterstege, insgesamt ein Rundgang von knapp einem halben Kilometer mit Halts an verschiedenen Stationen. Die Tropfsteine sind nach wie vor im Wachstum begriffen. Ein Zentimeter alle 100 Jahre.

Die Formationen sind gut ausgeleuchtet und stacheln – wie überall in Höhlen – die Phantasie an. »Versailles« heißt eine Struktur. Dann entdeckt man eine »Orgel« im sogenannten Auditorium, eine »Hexe« im Halbprofil. Anderswo glaubt man, herabhängende Nadelspitzen oder Wurzelwerke zu erkennen, gigantische Spinnweben, erstarrte Kaskaden, eine fleischfressende Pflanze. Manche Gebilde wirken wie Korallengärten – mit dem Unterschied, dass sie sich nicht über den Meeresgrund ziehen, sondern hoch oben über die Gewölbe. Welt verkehrt. Der Boden abseits der Absperrungen sieht wie Schlamm aus, ist aber fester Stein, erklärt Führerin Alicia Romero.

Der Weg zieht sich zwischen Flossen, Türmen und Wülsten hindurch und erreicht den Panoramapunkt (spanisch: Mirador) mit dem besten Gesamtüberblick. Dort löscht Alicia kurz das Licht: ein schöner Spezialeffekt, um in der Finsternis den Sound der Tropfsteinhöhle, das dauernde Tropfen, in sich aufzunehmen.

Adresse Cueva de Pozalagua, Peñas de Ranero, 48891 Karrantza, www.cuevadepozalagua.eus | Anfahrt von der Küstenautobahn A-8 Bilbao–Santander Ausfahrt Colindres nehmen, dann Nationalstraße N-629 und Abzweig in Richtung Karrantza/Carranza; von Südosten aus Richtung Balmaseda | Öffnungszeiten in der Karwoche sowie Mitte Juni–Mitte Sept. Di–So 11–13.30 und 16–20 Uhr, ansonsten Sa, So 11–14.30 und 16–18 Uhr | Tipp Nahe dem Höhlenparkplatz kann man in der Taberna Aizko einkehren: bodenständige Preise und schöne Freiblicke über Berg und Tal von der Terrasse (Tel. +34/685761223).

28 Das Hafendorf

Kaimauern fast wie Festungswälle

Was passieren kann, wenn im Golf von Biscaya Stürme toben, zeigt ein befestigter Steinblock auf einer Mauer an der Zufahrtsstraße hinab zum Hafen von Elantxobe. Bei einer Flutkatastrophe im Jahr 1990 wurde der 301-Kilo-Brocken genau an diese Stelle katapultiert, die bestimmt 20 Meter über dem Meer liegt. Daher ist es kein Wunder, wenn sich das hinter einem Steilküstenvorsprung gelegene Hafendorf entsprechend schützt. Die Kaimauern an der Einfahrt gereichen Festungswällen zur Ehre und bieten den Naturgewalten die Stirn. Dahinter verteilen sich die Schiffe auf zwei Becken, wobei Jachten und Sportboote vorherrschen. Die traditionelle Fischerei ist wie vielerorts im Rückgang begriffen. Die jüngere Generation nimmt lieber Abstand, viele Gründe geben nicht mehr genug her. Dabei hat der Fischfang die Geschichte des Ortes nachhaltig geprägt. Ende des 18. Jahrhunderts begründete sich die Fischerzunft (spanisch: Cofradía de Pescadores), die sich für den Bau der Molen hoch verschuldete und überdies den Bau der Nikolauskirche finanzierte.

Bis in die 1970er Jahre wurde der entladene Fisch gleich vor Ort in Fabriken eingedost. Zudem existierten vor dem Spanischen Bürgerkrieg drei Betriebe, in denen Frauen die Sardellen per Hand einsalzten. Die Produkte gingen in den Export und fanden Abnehmer unter anderem in den Niederlanden. In früheren Zeiten gab es zudem eine Werft.

Gerne heften PR-Agenturen Elantxobe das Prädikat »idyllisch« an. Das trifft für den Hafen zu, aber nicht für die darüber liegenden Bereiche, wo sich die Wohnhäuser staffeln. Die Blöcke sind mehrheitlich funktional, gesichtslos, austauschbar. Für die Anwohner führen die Wege steil nach oben.

Ein Hafenbummel entspannt, weckt die Lust auf Einkehr. Kleine Restaurants tischen Seeteufel, Krake, Garnelen, Thun- und Tintenfisch auf. Der Zug der Zeit will, dass vieles nicht mehr in Elantxobe angelandet wird.

Adresse 48310 Elantxobe | Anfahrt von der Landstraße BI-3234 Abstecher nach Elantxobe, Zufahrt ins Hafendorf für Wohnmobile und Fahrzeuge mit Wohnwagen gesperrt | Tipp Einfach und schnörkellos hinter dem Hafen ist die Bar Santi, stilvoller das Restaurant Ogoñope.

29 Die Weinstadt

Architektur-Spektakel als Magnet

Es ist ein gigantischer Fingerzeig, der im Weinbaugebiet Rioja Alavesa komplett mit der gewachsenen Dorfstruktur von Elciego bricht: Leute, seht her, hier sind wir, die sich solch ein Gebilde leisten konnten. Dieses avantgardistische Gebilde wirkt nicht zufällig wie eine Kleinausgabe des Guggenheim-Museums von Bilbao. Dahinter stand derselbe Architekt, Frank O. Gehry, der sich aus einer Weinlaune heraus, wie es heißt, von dem Projekt überzeugen ließ. Auftraggeber war die 1858 gegründete Kellerei Marqués de Riscal, die wenige Jahre darauf ihre ersten Weinflaschen auf den Markt brachte. Ein lukratives Geschäft, das sich seit 2006 in Gehrys ergänzendem Neubaukomplex widerspiegelt. Das Ganze wurde hochtönend als Weinstadt (spanisch: Ciudad del Vino) etikettiert. Offiziell heißt die Kellerei heute »Herederos del Marqués de Riscal«, also »Erben des Markgrafen von Riscal«.

Gehrys titanverkleidete, ineinander verschachtelte Dachkonstruktion strebt wie beim Guggenheim-Museum blütengleich himmelwärts. Sie wird durch Elemente der Weinfarbe Rot durchdrungen und scheint regelrecht zu schweben. Allerdings ist dort nicht der Zugang zum Weinlager untergebracht, sondern der luxuriöse Empfang des Hotel- und Restaurantkomplexes.

Wer eine Kellereiführung bucht, kommt in einem gewissen Abstand an das Architektur-Spektakel heran, aber nicht hinein. Das Beste ist gleichwohl die Außenansicht, die man mit Weingärten im Vordergrund fotografisch aufs Handy oder die Speicherkarte bannt. Die übrige Führung läuft klassisch ab: hinein in die Hallen mit den Edelstahltanks, in die Eichenfasslager und in die verwinkelten unterirdischen Gewölbe. Nicht fehlen darf die Kostprobe zum Abschluss. Bei einem Gläschen darf man darüber nachdenken, ob sich Gehrys Werk wirklich »in perfekter Harmonie« in die Landschaft fügt, wie es seitens der Weinstadt gern heißt, oder eher ein störender Fremdkörper ist.

Adresse Ciudad del Vino / Bodega Herederos del Marqués de Riscal, Calle Torrea 1, 01340 Elciego, www.marquesderiscal.com | Anfahrt südwestlich von Laguardia über die Landstraße A-3210; von Südosten aus der Region La Rioja Abzweig von der Nationalstraße N-232 in Fuenmayor, dann über Lapuebla de Labarca und die kleine Nebenstraße A-4208 | Öffnungszeiten täglich nach Voranmeldung unter Tel. +34/945180888 oder per E-Mail an reservations.marquesderiscal@marriott.com | Tipp Für all jene mit einem gewissen Reisebudget stehen im angeschlossenen Luxushotel 51 Zimmer und 10 Suiten zur Verfügung.

30 Die »Hütte der Hexe«

Spuren der Jahrtausende

Lange waren sie vergessen, verfallen, überwuchert von dichter Vegetation. Erst im Laufe des 20. Jahrhunderts drang allmählich ins Bewusstsein, dass man es mit archäologisch wertvollen Zeugnissen zu tun hatte, die einige Jahrtausende alt waren. Die Rede ist von Dolmen, Grabtypen der Megalithkulturen, bestehend aus Trag- und Decksteinen, die eine vorgeschichtliche Grabkammer umschlossen.

Folgt man einem Bericht der Zeitung »El Correo«, verteilen sich annähernd 300 nachweisbare Monumente über das Baskenland. Eines der beeindruckendsten und am besten erhaltenen findet sich nordöstlich von Laguardia bei Elvillar: der Dolmen mit dem phantasievollen Namen »Die Hütte der Hexe« (spanisch: La Chabola de La Hechicera, baskisch: Sorginaren Txabola). Die Gegend rundum ist landwirtschaftlich geprägt. Im Hintergrund zeichnet sich bescheiden das Dorf Elvillar ab, das auf einer Höhe von knapp 600 Metern liegt und vom Turm der Kirche Mariä Himmelfahrt überragt wird.

Erst 1935 wurde der Dolmen durch den Hobbyforscher Álvaro de Gortázar wiederentdeckt. Er war Mitglied einer in Laguardia neu gegründeten Gesellschaft, die sich den Studien und dem Schutz des umliegenden Kulturguts verschrieben hatte. Der einsame Dolmen setzt sich aus neun Blöcken zusammen, wobei der Deckstein den drei senkrechten Tragsteinen aufliegt. Der Deckstein, so heißt es, war vormals in mehrere Teile zerbrochen, wurde dann aber restauriert und befindet sich nunmehr in seiner ursprünglichen Position. Die Grabkammer war ursprünglich 4 Meter lang und 2,7 Meter hoch.

Längst verschwunden sind die menschlichen Überreste und die Grabbeigaben, darunter eine polierte Axt und Keramikfragmente. Laut Überlieferung gründet sich der Name der Hexenhütte auf die Dörfler aus Elvillar, die in der Johannisnacht von dorther, wo der Dolmen lag, mysteriöse Gesänge gehört haben wollen, die sich niemandem zuordnen ließen.

Adresse an der Landstraße A-3228, 01309 Elvillar, www.elvillar-bilar.eus | Anfahrt ab Laguardia nordöstlich in Richtung Elvillar auf der Landstraße A-3228 | Tipp Bei Laguardia taucht man anderweitig in die Vergangenheit ab: im Poblado de La Hoya, einem archäologischen Areal aus der Bronzezeit (Mo geschlossen).

31 Das Heiligtum

Goldene Schuhe und ein Schachbrettmuster

Die Großparkplätze stimmen auf riesige Anstürme ein, doch die gibt es selten. Oft verlieren sich nur wenige Besucherseelen im Heiligtum von Estíbaliz, das leicht erhöht liegt und in eine Grünanlage eingefasst ist. Dieses Juwel der Romanik ist einer Marienfigur geweiht, »Unserer lieben Frau von Estíbaliz« (spanisch: Nuestra Señora de Estíbaliz), die als Schutzheilige der hiesigen Provinz Álava Verehrung genießt – zumindest bei jenen, die sich nicht vom Glauben abgewendet haben. Denn auch der bröckelt im einst erzkatholischen Spanien, nicht zuletzt befeuert durch Missbrauchsskandale. Da finden sich viele Parallelen zu anderen Ländern. Für den Wandel der Zeit steht auch, dass 2022 die letzten Benediktinermönche aus Altersgründen abzogen. Nun kümmern sich Schwestern der Gemeinschaft »Peregrinas de la Eucaristía« um die Anlage.

Charakteristisch für die Baustruktur der Kirche sind drei halbkreisförmige Apsiden. Meisterhaft gestaltet ist das seitliche Portal Speciosa mit seinen Archivolten, Kapitellen, Säulen und Reliefs mit vielerlei Pflanzenmotiven.

Im lang gestreckten einschiffigen Innern richtet sich der Blick auf die Marienfigur im Altarraum, die einem unglamourösen, zweckmäßig an der Wand befestigten Steinklotz aufsitzt. Maria trägt ein golden-blau-rotes Gewand. Unten lugen die Spitzen goldener Schuhe hervor, die ein pfiffiges geometrisches Muster in Schwarz aufweisen und einem Designerentwurf zur Ehre gereichen würden. Die Gottesmutter umfasst ihr Kind, das ebenso wie sie selbst eine Krone trägt. Unterhalb des Klotzes verläuft horizontal ein Steinschmuckband, das als Schachbrettmuster von Jaca bekannt ist. Es handelt sich um ein typisches Gestaltungselement in romanischen Kirchen, das erstmals in Aragonien in der Vorpyrenäenstadt Jaca aufkam. Weiterhin beachtenswert im Innern ist ein Taufbecken aus dem 13. Jahrhundert. Es flackern Echt- und Elektrokerzen.

Adresse Santuario de Nuestra Señora de Estíbaliz, Cerro de Estíbaliz, 01193 Villafranca, https://santuariodeestibaliz.peregrinosdelaeucaristia.org | **Anfahrt** knapp 10 Kilometer östlich von Vitoria, zu erreichen über die Landstraßen A-132 und A-4159 | **Öffnungszeiten** im Sommer täglich 9–21 Uhr, ansonsten 9–20 Uhr | **Tipp** Im Grünen um das Heiligtum stehen Picknickareale zur Verfügung.

32 Das Baskenland-Museum

Ein aufschlussreicher Schnelldurchlauf

Die ganze Welt des Baskenlands – auf Baskisch »Euskal Herria« – in einem umfunktionierten Barockpalast: Das ist ein Streifzug durch die Geschichte, die Kultur und das Brauchtum eines Volkes. Die ständige Sammlung nimmt drei Ebenen ein, die Etage unterm Dach gibt Raum für Wechselausstellungen.

Von der baskischen Sprache ist ebenso die Rede wie von der territorialen Entwicklung der drei Provinzen Biscaya (baskisch: Bizkaia), Guipúzcoa (baskisch: Gipuzkoa) und Álava (baskisch: Araba). Modelle veranschaulichen den Typus des trutzigen baskischen Gehöfts (»Caserío«), das gegen Ende des Mittelalters aufkam und bis heute die ländlichen Gebiete prägt. Unter einem Dach befanden sich der Wohnsitz der Familie, die Werkstatt, die Stallungen, das Kornlager, die Scheune und die Kelterei.

Über knarrende Holzböden, über die manchmal Schulgruppen streifen, geht es in ein Sälchen mit Ölgemälden von illustren Persönlichkeiten aus der Region. Dazu zählten der Weltumsegler Juan Sebastián Elcano (um 1474–1526), der Franziskaner Juan de Zumárraga (um 1476–1548), der als erster Erzbischof von Mexiko hervortrat, der Jesuitengründer Ignatius von Loyola (1491–1556) sowie der Schriftsteller und Philosoph Miguel de Unamuno (1864–1936).

Eine Schautafel beleuchtet die historischen Emigrationswellen der Basken nach Argentinien, Uruguay, Kolumbien, auf die Philippinen und nach Australien. Dann geht es weiter zum baskischen Landsport, zu Musikinstrumenten wie der »Txistu«-Flöte, zum zeremoniellen Ehrentanz »Aurresku«, zu den Traditionen des Pelotaspiels und des volkstümlichen Sprechgesangs »Bertsolarismo«, zur Gastronomie und der »Neuen baskischen Küche«.

Bei vielen Themen kann das Baskenland-Museum – allein wegen der begrenzten Räumlichkeiten – nur an der Oberfläche kratzen. Doch es steht für einen aufschlussreichen Schnelldurchlauf und gibt eine Fülle an Anregungen, um sich in die Region zu vertiefen.

Adresse Museo Euskal Herria (baskisch: Euskal Herria Museoa), Calle Allendesalazar 5, 48300 Gernika, www.bizkaikoa.bizkaia.eus | Anfahrt von der Autobahn AP-8 bei Amorebieta-Etxano Abzweig nordnordöstlich, Weiterfahrt über die Landstraße BI-635 nach Gernika (Gernika-Lumo), Parkplätze nahe dem Stadtpark | Öffnungszeiten Anfang Juni – Ende Okt. Di – Sa 10.30 – 18.30 Uhr, So 11 – 15 Uhr, Juli und Aug. auch Mo 11 – 15 Uhr, ansonsten Di – Sa 10.30 – 17 Uhr, So 11 – 15 Uhr | Tipp Das Museo de la Paz hat sich mit seinen Ausstellungen dem Frieden verschrieben (Foru Plaza 1, www.museodelapaz.org).

33 Eine Büste für Humboldt

»Freund des baskischen Volkes«

In Gernikas »Park der Völker Europas« (spanisch: Parque de los Pueblos de Europa) nimmt er einen Ehrenplatz in Form einer Büste ein. »Freund des baskischen Volkes« steht auch auf Deutsch darunter. Die Rede ist von dem Gelehrten und Literaten Wilhelm von Humboldt (1767–1835), dem älteren Bruder des berühmten Naturforschers Alexander.

Wilhelm von Humboldt bereiste intensiv die Region und lieferte ein literarisches Pionierwerk ab, das in seiner Komplettform im Deutsch jener Jahre wie folgt heißt: »Die Vasken, oder Bemerkungen auf einer Reise durch Biscaya und das französische Basquenland im Frühling des Jahrs 1801«. Mit welchem Enthusiasmus, Respekt und Einfühlungsvermögen er an Begegnungen und Schilderungen heranging, unterstreicht bereits der erste Satz im Buch: »Versteckt zwischen Gebirgen, wohnt zu beiden Seiten der WestPyrenaeen ein Völkerstamm, der eine lange Reihe von Jahrhunderten hindurch seine ursprüngliche Sprache, und grossentheils seine ehemalige Verfassung und Sitten erhalten und sich, nach dem glücklichen Ausdruck eines neueren Schriftstellers, ebensowohl dem Auge des Beobachters, als dem Schwerdt der Erobrer entzogen hat – der Stamm der Vasken oder Biscayer.«

Ein »Bauerknabe«, so Humboldt, führte ihn auf der spanischen Seite des Baskenlands über den Küstenberg Jaizkibel. Fortan schwärmte er vom Hafendorf Pasajes (baskisch: Pasaia), während er in San Sebastián »ein finstres, trauriges Ansehn« der Gassen skizzierte und befand, die Stadt, sei in »keiner schönen Lage« – wo man heutzutage gerade das Gegenteil empfindet. Weiter westwärts, in Bilbao, hellte sich seine Miene auf: »Die Stadt liegt von schönbekränzten Bergen und Hügeln eingeschlossen da, und ihre weißen freundlichen Häuser schimmern durch das Grün der Bäume.« Auch das Städtchen Gernika, das seinerzeit »nur etwa aus 100 Familien« bestand, war ihm sympathisch, da »gut und reinlich gebaut«.

Adresse Parque de los Pueblos de Europa, zwischen der Calle Allendesalazar und der Calle Zearreta, 48300 Gernika, www.gernikainfo.eus | **Anfahrt** von der Autobahn AP-8 bei Amorebieta-Etxano Abzweig nordnordöstlich, Weiterfahrt über die Landstraße BI-635 nach Gernika (Gernika-Lumo), Parkplätze nahe dem Stadtpark | **Öffnungszeiten** Park: April–Sept. täglich 10–21 Uhr, Okt.–März täglich 10–19 Uhr | **Tipp** Der übrige Park mit Wiesen, Bänkchen, einem Bach und einem Teich bietet sich zur Entspannung im Grünen an.

34 Die Eiche am Parlament

Ein Symbol der baskischen Freiheit

Gernika gilt als »heilige Stadt der Basken« – insofern traf die gezielte Bombardierung im Spanischen Bürgerkrieg 1937 mitten ins Herz. Bereits im Mittelalter fanden sich die abgesandten Vertreter aller Gemeindebezirke unter einer großen Eiche zu ihren Generalversammlungen ein, um Probleme und Lösungen im Herrschaftsgebiet von Biscaya zu debattieren. Später gelobten die wechselnden Landesherren unter der Eiche, die althergebrachten Sonderrechte zu achten. Das schönste Zitat dazu lieferte der Schriftsteller und Philosoph Jean-Jacques Rousseau (1712–1778), der befand: »Gernika ist der glücklichste Ort der Welt. Die Angelegenheiten regelt eine bäuerliche Versammlung, die sich unter einer Eiche trifft und immer die gerechtesten Entscheidungen fällt.«

Die Eiche, generell »Der Baum von Gernika« (spanisch: El Árbol de Gernika) genannt, gilt als universelles Symbol der Basken, ihres Freiheitswillens, ihrer Selbstbestimmung, ihres unbeugsamen Selbstgefühls. Ein von Säulen geprägtes Ehrentempelchen, in einer kleinen Grünanlage neben dem Parlamentshaus von Vizcaya gelegen, bewahrt den ältesten erhaltenen Stumpf der Eiche. Erwachsen aus Ablegern, wurden im Laufe der Zeit direkte Nachfolger jenes Baumes angepflanzt, unter dem über Jahrhunderte hinweg die Versammlungen abgehalten wurden. Der neueste Baumnachfahre datiert aus dem Jahr 2015.

Die legendäre Eiche begleitet beim Gang durch das besuchbare Parlamentsgebäude (Casa de Juntas), das mit Gemälden dekoriert ist, die historische Szenen und Porträts der Herren von Biscaya zeigen. Die Eiche ist auf Sesseln zugegen und beherrscht als Motiv den Glasfenstersaal. Dort ersetzt ein monumentales Buntglasfenster komplett die Decke. Unter der Eiche mit ihrem weit ausladenden Geäst finden all jene einträchtig zusammen, die das Baskenland mit Fleiß und Manpower vorangebracht haben: Fischer, Bauern, Bergleute.

Adresse El Árbol de Gernika, Calle Allendesalazar, 48300 Gernika, www.gernikainfo.eus | **Anfahrt** von der Autobahn AP-8 bei Amorebieta-Etxano Abzweig nordnordöstlich, Weiterfahrt über die Landstraße BI-635 nach Gernika (Gernika-Lumo), Parkplätze nahe dem Stadtpark | **Öffnungszeiten** im Sommer täglich 10–14 und 16–19 Uhr, ansonsten täglich 10–14 und 16–18 Uhr; Grünanlage mit Eichenstumpf während der Öffnungszeiten zugänglich | **Tipp** Wer sich auf eine Außenbetrachtung des Eichenstumpfs in seinem Ehrentempelchen beschränken will, kann ihn gut durch das Umfassungsgitter der Parlamentsanlage einsehen.

35__»Guernica«

Picassos Meisterwerk als Kachel-Replikat

Ein Pferd brüllt in Todesangst. Eine Mutter hält ihr totes Kind in den Armen. Ein Mann hebt seine Hände flehend gen Himmel. Es sind Szenen aus dem weltweit bekanntesten Antikriegsgemälde: »Guernica« von Pablo Picasso (1881–1973). Es thematisiert die Zerstörung der »heiligen Stadt der Basken« im Spanischen Bürgerkrieg am 26. April 1937. Heute heißt sie in baskischer Schreibweise Gernika beziehungsweise als Doppelort Gernika-Lumo.

International wäre das Blutbad allenfalls eine Randnotiz geblieben, hätte nicht Spaniens damals in Paris lebender Jahrhundertkünstler Picasso den Eindruck der Gräuel großformatig in Öl auf Leinwand gebannt. Auf 7,8 mal 3,5 Metern verarbeitete er das Szenario des Schreckens. Nach einer Vielzahl von Einzelstudien und Entwurfsskizzen entstand »Guernica« zwischen Anfang Mai und Anfang Juni 1937. Im selben Jahr war es erstmals auf der Weltausstellung in Paris zu sehen und ging danach auf Reisen rund um den Erdball. Heute ist es *der* Besuchermagnet im Kunstmuseum Reina Sofía in Madrid.

Um »Guernica« zu sehen, muss man nicht in Spaniens Hauptstadt reisen. Im Zentrum von Gernika, dem Ort der Tragödie, fesselt das Meisterwerk als Kachel-Replikat in selber Größe, bekannt als »Mural del ›Guernica‹ de Picasso«. Gegenüber kann man sich auf eines der drei Bänkchen setzen und es in aller Ruhe in sich aufnehmen – ohne dass Museumsbesucher die Sicht versperren. Es ist wetterfeste Open-air-Kunst.

Bei »Guernica« steigert gerade das Nicht-Abgebildete die Intensität, verstärkt durch die Schwarz-Weiß- und Grautöne. Es gibt kein Soldatenheer, keine Bomben, keine Flugzeuge. Das Leid ist erstarrt und doch gefüllt mit Dynamik. Die Bildsprache könnte radikaler kaum sein. »Guernica« bedrückt, wühlt auf, reißt seine Betrachter aus potenzieller Gleichgültigkeit und scheint einen stillen, immerwährenden Appell zu transportieren: Niemals mehr Krieg! Das gilt auch für das Replikat.

Adresse Calle Allendesalazar / Ecke Calle San Juan, 48300 Gernika, www.gernikainfo.eus | Anfahrt von der Autobahn AP-8 bei Amorebieta-Etxano Abzweig nordnordöstlich, Weiterfahrt über die Landstraße BI-635 nach Gernika (Gernika-Lumo), Parkplätze nahe dem Stadtpark | Tipp Für die Einkehr im Zentrum von Gernika empfiehlt sich die kleine Ausgehmeile um die Calle Eriabarrena, unter anderem mit den Restaurants Sasoie und Arrien.

36 Die Mega-Skulpturen

Massige Werke von Moore und Chillida

Ein Brückchen führt im Nordteil des Parque de los Pueblos de Europa über eine Straße in einen Zusatzteil des Parks. Auf den Wiesenstücken, etwas getrennt voneinander, erheben sich zwei Mega-Skulpturen der weltberühmten Bildhauer Henry Moore (1898–1986) und Eduardo Chillida (1924–2002). Der Doppelschlag bedeutet für Besucher kostenlose Freiluftkunst. Außerdem geben sie Anstöße nachzudenken: über Krieg, Frieden, einen gesunden Nationalismus.

»Skulpturen mit Seele« – so sind die massigen Werke auf einer Infotafel davor übertitelt. Das Bronzewerk des Briten Moore heißt »Large figure in a shelter«, also »Große Figur in einem Schutzraum«, ist 7 Meter hoch und 20 Tonnen schwer. Es handelt sich um eine der letzten Arbeiten Moores und wurde 1990 hier aufgestellt, anlässlich des Jahrestages der Bombardierung von Gernika/Guernica im Jahr 1937. »Moore war ein profunder Kenner der Zerstörung Gernikas«, liest man. Zudem war der Künstler selbst geprägt durch den Zweiten Weltkrieg und den Bombenterror auf sein Heimatland. Insofern handelt es sich bei der »Großen Figur in einem Schutzraum«, die bei einer Bedrohung instinktiv Zuflucht sucht, auch um ein Mahnmal.

»Das Haus unseres Vaters« (baskisch: Gure aitaren etxea) lautet der Name der Betonplastik des Basken Chillida, mit acht Meter Höhe und 180 Tonnen ebenfalls ein Hingucker und Schwergewicht. Gemeint ist das Haus des baskischen Volkes, eine Hommage Chillidas an seine Heimat. Das »Haus« ist offen und hat kein Dach. Es ist von hinten her begehbar, wo man gewissermaßen ins Herz vorstößt. Dort steht eine kleine Stele aus Stahl, »die unsere Wurzeln symbolisiert und das Leben als Vorschlag von Frieden, Freiheit und Toleranz«, so die Worte auf der Begleittafel. In der Mitte öffnet sich ein Riesenfenster in die Richtung der legendären Eiche von Gernika (siehe Ort 34), die allerdings hinter der Parkanlage liegt und von hier aus nicht sichtbar ist.

Adresse Parque de los Pueblos de Europa, zwischen der Calle Allendesalazar und der Calle Zearreta, 48300 Gernika, www.gernikainfo.eus | Anfahrt von der Autobahn AP-8 bei Amorebieta-Etxano Abzweig nordnordöstlich, Weiterfahrt über die Landstraße BI-635 nach Gernika (Gernika-Lumo), Parkplätze nahe dem Stadtpark | Öffnungszeiten Park: April–Sept. täglich 10–21 Uhr, Okt.–März täglich 10–19 Uhr | Tipp Eine gute Foto-Perspektive auf Chillidas Werk bietet sich vom Hauptpark her – etwas verschlungen zwischen Eichenzweigen hindurch.

37__Der erste Weltumsegler

Erinnerungen an den Entdecker Elcano

Wer war der berühmteste Sohn Getarias? Zur Wahl stehen der Modeschöpfer Cristóbal Balenciaga (siehe Ort 38) und der Weltumsegler Juan Sebastián Elcano (1486 oder 1487–1526). Elcano (baskisch: Elkano) war Mitglied jener legendären Expedition zu den Gewürzinseln, die 1519 unter dem Portugiesen Fernão de Magalhães (deutsch: Ferdinand Magellan) mit fünf Schiffen in Spaniens Süden begann. Nach dem Tod Magellans 1521 auf den Philippinen und einer Übergangszeit des Chaos nahm Elcano im wahrsten Wortsinn das Ruder in die Hand. 1522 brachte er die letzte verbliebene Karavelle »Victoria« in die Heimat zurück. Damit ging Elcano als erster Weltumsegler in die Geschichte ein. Nur ein kleiner Teil der ursprünglich 237 Männer setzte wieder einen Fuß auf spanischen Boden. Elcano schrieb in einem Brief an König Karl I. über die Entdeckungen von Ländereien und Gewürzen und die damit verbundenen Opfer, etwa die zahlreichen Hungertoten an Bord.

Direkt an der Ortsdurchgangsstraße bewahrt Getaria die Erinnerung an Elcano. Und das gleich doppelt. Hoch auf einem Sockel posiert er stolz vor dem Rathaus, als Marmorskulptur des Bildhauers Ricardo Bellver von 1881. Der rauschebärtige Kapitän stützt seinen rechten Fuß auf ein Seil. Dominanter wirkt das allzu stilisierte »Monument für Elcano«, 1924 über einem historischen Bollwerk errichtet. Dort kann man gratis hinein- und hinaufgehen. Oben auf einem Freigelände bieten sich schöne Blicke über die Küste. Das Monument ist von einer geflügelten Siegesfigur gekrönt, die Parallelen zur Galionsfigur am Bug eines Schiffes aufweist.

Elcano forderte das Schicksal aufs Neue heraus. Das nahm ein schlechtes Ende: Im August 1526 verstarb er auf dem Pazifik, als er sich mit einer von García Jofre de Loaisa befehligten Expedition auf dem Weg zu den Molukken befand. Das heutige Schulschiff der spanischen Marine ehrt Elcano mit seinem Namen.

Adresse 20808 Getaria, www.getariaturismo.eus | **Anfahrt** von der Autobahn AP-8 Ausfahrt Zarauz, dann auf der Nationalstraße N-634 nach Getaria | **Tipp** Aus Getarias kleiner Altstadt ragt die gotische Kirche San Salvador auf, im Innern hat deren Boden ein leichtes Gefälle. In dieser Kirche wurde Elcano getauft.

38 Das Museum Balenciaga

Mode für Königinnen und Filmstars

Ein französisches Journal bezeichnete ihn einmal als »unsichtbaren Mann der Modewelt«. Er gab sich immer diskret, auch als Privatier. Obwohl er die schönsten und berühmtesten Frauen, ob Königinnen oder Hollywood-Ikonen, einkleidete und ihnen zu Glanz und Glamour verhalf, galt seine Vorliebe dem eigenen Geschlecht. Die Rede ist von Cristóbal Balenciaga (1895–1972), dem in seinem Heimatort ein phantastisches Museum gewidmet ist. Es ist ein moderner Bau, gleich neben der einstigen markgräflichen Villa gelegen.

Balenciaga kam in Getaria als Sohn eines Fischers und einer Näherin zur Welt. Die Mutter arbeitete für die Markgräfin Casa Torres, die das Talent des jungen Cristóbal entdeckte. Sie forderte und förderte ihn, gab 1906 bei dem Elfjährigen (!) ein erstes Kleid in Auftrag, finanzierte ihm eine Ausbildung zum Schneider. So lernte er das Handwerk, alle Handgriffe von der Pike auf. Seinen ersten Haute-Couture-Salon für Damenmode eröffnete er 1917 in San Sebastián. Spaniens Königin María Cristina zählte zu seiner Klientel. Und für Fabiola, die aus Spanien stammende Königin Belgiens, entwarf er das Hochzeitskleid. Natürlich wollten sich auch andere Damen mit gut gefüllten Portemonnaies im Stil Balenciagas einkleiden. Er eröffnete Niederlassungen in Madrid, Barcelona, Paris. Filmstars wie Grace Kelly, Ava Gardner, Marlene Dietrich und Romy Schneider trugen ebenfalls Balenciaga.

»Er betonte die natürliche Schönheit der Frau, aber die Eleganz musste immer bequem sein«, erklärt Museumsführerin Daria beim Rundgang. Inspirationen schöpfte er aus der Natur, der Religion, japanischer Kunst, Werken spanischer Maler.

Das Museum wird selbst jene begeistern, die sonst mit Mode nichts am Hut haben. Es gibt keine ständige Sammlung. Die Ausstellungen mit den Stücken Balenciagas wechseln im Regelfall jährlich, denn die wertvollen Kleider dürfen nicht ständig dem Licht ausgesetzt sein.

Adresse Aldamar Parkea 6, 20808 Getaria, www.cristobalbalenciagamuseoa.com | Anfahrt von der Autobahn AP-8 Ausfahrt Zarauz, dann auf der Nationalstraße N-634 nach Getaria | Öffnungszeiten Juli, Aug. täglich 10.30–20 Uhr, April–Juni, Sept., Okt. Di–So 11–19 Uhr, Nov.–Jan., März Di–So 11–15 Uhr | Tipp Kontrastprogramm zur kulturellen Injektion im Museum ist ein Aufstieg auf Getarias Haushügel »Ratón«, der sich über dem Hafen erhebt.

39 Der Txakoli

Ein Prosit auf den baskischen Wein

Hoch über der Küste von Getaria ziehen sich Weingärten über die Hänge und bringen den Txakoli hervor, einen Tropfen mit geschützter Herkunftsbezeichnung. Die Quellen sprudeln in diversen Kellereien, beispielsweise in der Bodega Txomin Etxaniz.

Mikel Txueka, der sich in diesem Familienbetrieb um Weintourismus und Exporte kümmert, ist mit Txakoli aufgewachsen. Als Kind half er mit, einige der bis heute bestehenden Weinstöcke zu pflanzen. Im Alter von 8 Jahren habe er erstmals an einem Txakoli genippt und mit 14 zu seiner Mutter gesagt, dass er gern zwei Gläser zum Essen trinken wolle. »Die besten Kunden der Bodega sind wir selbst, die Familie«, sagt Txueka und lacht.

Der Klassiker ist der weiße Txakoli, den Experte Txueka wie folgt definiert: »Ein leichter, frischer, säuerlicher Wein mit Aromen von Zitrusfrüchten, weißem Obst wie Äpfeln und frischen Grasnoten.« Dahinter steht die autochthone Rebsorte Hondarribi zuri; die rote heißt Hondarribi beltza. »Beide funktionieren hier am besten«, urteilt Txueka. Bei der Kostprobe schenkt er die Weine, sowohl den Weißen als auch den Rosé, aus etwa 30 Zentimeter Höhe ins Glas ein. So bekommt der ganz leicht moussierende Txakoli ein Plus an Frische.

Txueka zeichnet nach, dass der Anbau von Txakoli im Baskenland seit einiger Zeit regelrecht explodiert ist. Gewöhnlich wird der Wein jung getrunken und bleibt zwischen drei Monaten und knapp einem Jahr in Edelstahltanks. Erfolgreich verlaufen ist in der Kellerei Txomin Etxaniz die Weiterentwicklung eines höherwertigen Tropfens. Der Weiße wird fünf Monate lang in französischen 500-Liter-Fässern aus Akazie ausgebaut. Das Holz sei neutraler als die ansonsten verbreitete Eiche, so Txueka, und mache den Wein nicht zu körper- oder tanninreich. Was feinstbegaumte Trinker wohl schmecken werden, sind minimale Salznoten – denn manche Reben wachsen nur 20 Meter vom Meer entfernt.

Adresse Bodega Txomin Etxaniz, Barrio Eitzaga 21, 20808 Getaria, Tel. +34/943140702, www.txominetxaniz.com | Anfahrt ab Getaria südostwärts über die Landstraße GI-3391 | Öffnungszeiten geführte Besuche der Kellerei nach Reservierung über die Website Mo – Sa 11/11.30 Uhr möglich | Tipp In der Nähe der Bodega Txomin Etxaniz öffnet eine weitere Kellerei ihre Tore für Besucher: die Bodega Ameztoi (Barrio Eitzaga 10, Tel. +34/943140918, www.txakoliameztoi.com).

40 Das schöne Viertel

Wo jeder noch jeden kennt

In Getxo, einer Vorstadt nordwestlich von Bilbao, schwanken die Eindrücke: von der berühmten Schwebebrücke (siehe Ort 41) über historische Villen der Geldelite vom Beginn des 20. Jahrhunderts und gesichtslose Wohnblöcke bis zum Sandstrand Ereaga, in dessen Fluten man sich aus Hygienegründen lieber nicht stürzen sollte. Dazu liegt er einfach zu nah an den Hafenanlagen. Schöner ist es, an der Strandpromenade entlangzuschlendern. Geht man von dort ein kurzes Stück weiter, kommt man zum sogenannten »Alten Hafen« (spanisch: Puerto Viejo) des Viertels Algorta.

Heute ist das kleine Hafenbecken kaum der Rede wert, doch vor langer Zeit stachen von hier aus viele Fischerboote in See. Außerdem standen die Seeleute von Algorta als Lotsen bei der tückischen Hafeneinfahrt und als Seenotretter im Einsatz. Sie lebten oberhalb ihres »Alten Hafens« – und genau dorthin führt nun der Weg kurz hinauf.

Plötzlich fühlt man sich in eine andere Welt versetzt. Eine Welt aus schmalen Gassen, über die sich Kabelgehänge von Fassade zu Fassade spannen. Eine Welt aus Steiltreppenstücken und kalkweißen Häusern mit Blumentöpfen daneben. Mal sind die Fensterrahmen grün, mal rot lackiert. Hier kennt jeder noch jeden. Auf einem Wäschespanngitter hängen frisch gereinigte Hosen und Hemden zum Trocknen. Eine Katze streckt sich behaglich auf dem Pflaster aus und braucht keinen Verkehr zu fürchten. Fahrzeuge kommen hier nicht durch. Bougainvilleen ranken sich an einer Fassade vom Boden über den Briefkasten bis zum Stromzähler hoch. Manche Balkone und Terrassen gereichen botanischen Gärten im Kleinformat zur Ehre – welch eine bunte Pracht!

Um keinen falschen Eindruck zu erwecken: Besonders ausufernd ist das einstige Fischerviertel nicht. Es beschränkt sich auf einige wenige Gassen wie die Calle Calleja und die Calle Ribera. Klein, aber erstaunlich pittoresk.

Adresse 48930 Getxo, www.getxo.eus | ÖPNV von Bilbao Metro 1, Haltestelle Algorta | Anfahrt von Südosten über die Landstraße BI-637 nach Getxo | Tipp Mittendrin im Viertel Algorta gelegen, empfiehlt sich die Taberna Txomin in der Calle Ribera 43 zur Einkehr.

41 Die Schwebefähre

Auf dem Gittersteg in schwindelnder Höhe

Es war ein genialer Schachzug, ein Meisterstück des baskischen Ingenieurs Alberto Palacio (1856–1939). Um die Einfahrt in die Flussmündung des Nervión für große Schiffe nicht mit einer landläufigen Brücke zu blockieren, konzipierte Palacio Ende des 19. Jahrhunderts eine Schwebefähre mit stählernen Brückentürmen an den Seiten und Aufhängungen von Stahlseilen. Seither werden Fußgänger und Fahrzeuge wie im Flug über den Nervión transportiert: von Bilbaos Vorstadt Getxo nach Portugalete und umgekehrt. »Puente Colgante« heißt das Bauwerk, also »Schwebebrücke«, aber auch »Puente Bizkaia« – in Anlehnung an die hiesige Provinz Bizkaia (spanisch: Biscaya). Das spektakuläre Gebilde nennt sich auch »älteste Schwebefähre der Welt«. Die UNESCO hat das Werk zum Weltkulturerbe erklärt.

Hinüber geht es in verglasten Passagierkabinen oder im Fahrzeug auf dem offenen Deck. Der Betrieb läuft rund um die Uhr, ständig pendelt die Fähre hin und her. Für die Einheimischen ist sie ein preisgünstiges öffentliches Transportmittel, an das sie hinlänglich gewöhnt sind. Seit der Eröffnung 1893 sind Hunderte Millionen Menschen übers Wasser geschwebt. Anlässlich des Besuchs von König Alfons XIII. stattete man die Fähre 1902 mit elektrischer Beleuchtung aus. Die Zerstörungen im Spanischen Bürgerkrieg von 1936 bis 1939 wurden bald behoben.

Wer den Thrill und den Spaßfaktor liebt, wagt sich gegen eine Eintrittsgebühr höher hinaus: auf den Fußgängersteg (spanisch: Pasarela) in 50 Metern. Hinauf bringt einen ein Panoramalift. Oben ist die Sicht über die Flusslandschaft, die Promenaden und den weitläufigen Handelshafen phantastisch. Keine Sorge, der Steg ist breit, vergittert und gefahrlos begehbar. Trotzdem mag beim einen oder anderen ein mulmiges Gefühl in der Magengrube aufkommen. Setzen sich unten die Stahlseile der Schwebefähre zur nächsten Überfahrt in Bewegung, spürt man ein leichtes Ruckeln.

Adresse Puente Colgante/Puente Bizkaia, 48920 Portugalete und 48930 Getxo, www.puente-colgante.com | Anfahrt entweder durch das enge Portugalete oder von der östlichen, breiteren Flussuferseite ab Getxo | Öffnungszeiten Schwebefähre 24 Stunden in Betrieb; Fußgängersteg »Pasarela« im Regelfall täglich 10–20 Uhr | Tipp Auf der Gexto-Seite erinnert ein kleines Denkmal an den Ingenieur Alberto Palacio – und es gibt dort kostenlose Toiletten.

42 Der Skulpturenpark

Meisterhafte Kunst von Eduardo Chillida

Das Bundeskanzleramt in Berlin, die Taunusanlage in Frankfurt am Main und der Platz vor der Pinakothek der Moderne in München haben eines gemeinsam: Hier erheben sich Großplastiken des baskischen Bildhauers Eduardo Chillida (1924–2002). Wer einen Querschnitt seines Gesamtwerks erleben will, reist ins Hinterland von Chillidas Geburtsstadt San Sebastián nach Hernani. Dort liegt das Museum Chillida-Leku, das aus einem Landsitz und einem elf Hektar großen Garten besteht. Es ist Spaniens vielleicht schönster Skulpturenpark.

»Mein Vater hat immer gesagt: Das, was nur von einem Einzelnen ist, ist fast von niemandem. Daher wollte er seine Werke im öffentlichen Raum teilen. Das war vor Jahrzehnten neu«, versucht sich Luis Chillida, einer der Söhne des Künstlers, in einer Erklärung des Bekanntheitsgrads. Neu waren auch die massigen, raumgreifenden Plastiken aus Beton und Metall mit einer ganz eigenen Formensprache. Skulpturen, die wie aus dem Boden zu wachsen schienen, Licht hineinfluten ließen, sich himmelwärts öffneten, mit der Landschaft verzahnten, der Erdenschwere enthoben waren. Für den mexikanischen Literaturnobelpreisträger Octavio Paz war jede Skulptur Chillidas »wie ein Vogel, wie ein Zeichen des Raums«.

Chillida-Leku steht für die Erfüllung des Lebenstraums von Chillida, von dem Folgendes überliefert ist: »Eines Tages träumte ich eine Utopie: einen Raum zu finden, wo meine Skulpturen ruhen und die Menschen hindurchspazieren könnten wie durch einen Wald.« Das baskische »Leku« bedeutet »Platz«. Der »Platz von Chillida« ist ein repräsentativer Ort seiner Werke. Hier feiern Kunst und Natur eine außergewöhnliche Symbiose. Hier liegen die 40 Plastiken – ob meterhohe Giganten aus Stahl oder kleinere Werke aus Granit – weit verstreut unter Bäumen und auf Rasenflächen. Wer nah dran will, holt sich beim Rundgang durchs Gras manchmal nasse Füße.

Adresse Barrio Jauregui 66, 20120 Hernani, www.museochillidaleku.com | ÖPNV Bus BU05 aus der Innenstadt von San Sebastián, Haltestelle Chillida-Leku | Anfahrt von San Sebastián über die Landstraßen GI-21 und GI-2132 | Öffnungszeiten Do–Mo 10–17 Uhr | Tipp Aus Hernani stammt auch baskisches Craftbeer. Probiert und gekauft werden kann es bei Basqueland (Akarregi Ind, 4B, www.basquebeer.com).

43 Der Fischerhafen

Fotogene Entdeckungen etwas abseits

Rot. Grün. Blau. Im geschützten Fischerhafenbecken von Hondarribia gibt die bunte Flotte eindrucksvolle Fotomotive ab. Vorausgesetzt, sie ist nicht gerade auf dem Weg zu ihren Fanggründen. Jedes Boot wirkt wie gemalt, elegant und robust zugleich mit dem markant geschwungenen Bug, den Seilwinden, den orangefarbenen Rettungsringen. Allzu leicht vergisst man, dass hinter den pittoresken Ansichten ein knallharter Alltag steht.

Juan Carlos Eizaguirre kennt das Geschäft um die Schätze des Meeres in- und auswendig. Er ist Mitbesitzer eines Fischerboots und ein Freund klarer Worte. Eizaguirre prangert die hohen Spritkosten und die Bürokratie an, die der Fischfang von heute mit sich bringt. »Früher, als ich mit meinem Vater Carlos rausfuhr, gab es keine Limits«, erinnert er sich. Behördlicherseits sei die Quote für den Roten Thun im Schnitt auf elf Tonnen pro Boot und Jahr begrenzt worden, erzählt er. Fisch sei seiner Einschätzung nach noch genug da. Man müsse ihn nur finden. »Das ist, wie eine Nadel im Heuhaufen zu suchen«, bekennt er und setzt auf Instinkt und Erfahrung. Die Natur gibt den Arbeitsrhythmus vor. Im Frühling stehen Fänge von Sardellen und Makrelen an, im Sommer Thunfische, im Herbst Sardinen. Überdies werden Seehechte aus dem Wasser gehievt. Die Nachfrage aus der Gastronomie ist ungebrochen hoch.

Fürchtet ein erfahrener Fischerprofi, der mit allen Wassern gewaschen ist, überhaupt noch etwas? »O ja«, antwortet Eizaguirre, »die starken Winde im Golf von Biskaya.« Gelegentlich spült es ihn und seine Kameraden bis vor die Südküste Irlands. »Bei schlechtem Wetter verfluche ich alles, doch Fischen ist mein Leben«, sagt er.

Der Fischerhafen liegt etwas abseits der Hauptbesucherströme, die sich auf die Altstadt und den Strand konzentrieren, die Gastro-Zone im alten Fischerviertel La Marina (auch Portua), den Sporthafen und die Promenade am Grenzfluss Bidasoa.

Adresse Puerto Pesquero, Ramon Iribarren Pasealekua Ibilbidea s/n, 20280 Hondarribia, www.hondarribia.eus | **Anfahrt** nordwestlich von Irun von der Landstraße GI-636 Abzweig nach Hondarribia | **Tipp** Ein elitäres Quartier in der Altstadt ist das Parador-Hotel mit seinen historischen Schlossmauern (Plaza de Armas 14, Tel. +34/943645500, www.paradores.es).

44 Die schwarze Madonna

Schwebende Schiffe und schöne Aussichten

Die Landstraße weiter aufwärts zum knapp 550 Meter hohen Berg Jaizkibel führt direkt vorbei, doch das stört nicht. Sobald man das Portal des Heiligtums der Jungfrau von Guadalupe (spanisch: Santuario de la Virgen de Guadalupe) passiert hat, fühlt man sich von einer besonderen Stimmung ummantelt. Die größte Aufmerksamkeit beansprucht der golden glänzende Hochaltar für sich. Im Zentrum auf einem Podest: die schwarze Gottesmutter mit dem schwarzen Kind, umgeben von einem Strahlenkranz.

Das Kirchlein hoch über der Küste und dem Ort Hondarribia geht auf das 16. Jahrhundert zurück, hat im Laufe der Geschichte jedoch vielerlei Veränderungen erfahren. Es fußt, so kursiert die Überlieferung, auf einer Finanzspritze aus sechs Golddukaten, die niemand Geringeres als der baskische Weltumsegler Juan Sebastián Elcano (1486 oder 1487–1526; siehe Ort 37) im Jahr seines Todes spendete. Rechts neben dem Altarraum ist ein Gemälde als »Testament von Juan Sebastián Elcano« übertitelt; dieses soll er laut Beschriftung am 26. Juli des Jahres 1526 an Bord der Karavelle »Victoria« aufgesetzt haben. Das Bild – allerdings kein Kunstwerk von Rang – zeigt Elcano an einem Tisch. Daneben steht ein Geistlicher mit einem kleinen Kreuz in der Hand.

Wer auf die Empore steigt, dem bietet sich eine Totale des Sanktuariums. Drei Elemente schweben von der Kirchendecke: ein Gekreuzigter und zwei Schiffe, typisch für den symbolischen Schutz der Seeleute im Baskenland. Im Kirchenraum flackern noch Echtkerzen, ergänzt durch einen elektrischen Kerzenautomat mit Münzeinwurf. Die Madonna fungiert als Patronin von Hondarribia. Dank ihres wundersamen Einwirkens, so sagt man, gelang es den Bewohnern 1638, sich aus einer langen Belagerung der Franzosen zu befreien.

Eine Zugabe zum Bergheiligtum ist die Sicht hinunter auf die Küstenebene vom Platanenplatz auf der anderen Seite der Straße.

Adresse Santuario de la Virgen de Guadalupe, Carretera Jaizkibel, 20280 Hondarribia, www.hondarribiaparrokia.org, www.hondarribikoalardea.com | Anfahrt ab Hondarribia Auffahrt auf der kurvenreichen Landstraße GI-3440 | Öffnungszeiten gewöhnlich tagsüber zugänglich | Tipp Alljährlich am 8. September ist das Bergheiligtum Ziel einer Prozession.

45__Die verlassene Festung auf dem Berg Jaizkibel

Das vergebliche Warten auf den Feind

Nur ein einziges Mal, so erzählt der Historiker Juan Antonio Sáez bei einem geführten Rundgang, sei es hier zu einer Art Kampfhandlung gekommen: zu Beginn des Spanischen Bürgerkriegs im Sommer 1936. Spanier gegen Spanier also. Doch weder die Schiffe vom Atlantik her noch die Burgverteidiger trafen ins Schwarze. Es wurde munter drauflosgeballert, aber zum Glück wurde niemand verletzt oder gar getötet. Ansonsten hieß es in der Geschichte der zwischen 1887 und 1900 erbauten Festung von Guadalupe auf dem Berg Jaizkibel: warten auf einen Feind, der niemals auftauchte. Das muss für die Soldaten ziemlich langweilig gewesen sein – und steht als Beispiel für eine gigantische Verschwendung von Staatsgeldern.

Nach unliebsamen Episoden der Vergangenheit war beim Bau der bange Blick der Spanier stets auf die Franzosen gerichtet. Ein komplexes Verteidigungssystem sollte die vom Fluss Bidasoa durchzogene Grenze zum Nachbarland gewissermaßen wasserdicht machen. Letztlich wurden nicht alle Pläne in die Tat umgesetzt, doch jener der Festung von Guadalupe (spanisch: Fuerte de Guadalupe) schon. Angelegt wurde sie in etwa 200 Meter Höhe über dem Meer in Form eines unregelmäßigen Oktogons, sie nahm eine Fläche von umgerechnet vier Fußballfeldern ein. Die Kapazität lag bei einer Tausendschaft Soldaten.

Längst liegt die Festung verlassen und friedlich da. Eine Welt aus Gebäuden, Gängen, Gräben, Toren, Rampen, Schächten, Mauern mit Schießscharten. Vögel zwitschern. Über die Dächer breitet sich Wiesengrün. Wer in verlorene Winkel vorstoßen will, muss sich einer Führung anschließen. Jeder Buckel und jede Vertiefung, stellt Guide und Buchautor Sáez heraus, gehe auf Menschenhand »mit Spitzhacken und Schaufeln« zurück. Bagger habe es zu jener Zeit natürlich nicht gegeben.

Adresse Fuerte de Guadalupe, 20280 Hondarribia | **Anfahrt** ab Hondarribia Auffahrt auf der kurvenreichen Landstraße GI-3440 bis zum Bergheiligtum Guadalupe, kurz dahinter Abzweig rechts auf den großen Parkplatz | **Öffnungszeiten** zweistündige Führungen Sa und So um 11 Uhr nach Voranmeldung bei der Stiftung Arma Plaza unter Tel. +34/943643677 buchbar | **Tipp** Eine Alternative zu einer Führung ist eine etwa einen Kilometer lange Außenrunde, die nahe dem Parkplatz beginnt und oberhalb der abgesperrten Gräben entlangführt. Auch das verschafft einen guten Eindruck.

46 Die alten Römer

Museum mit kleinen Schätzen und Kuriosa

Museumsdirektor Juan José Jiménez räumt mit der eingefahrenen Vorstellung auf, dass es im spanisch-französischen Grenzraum um Irun keine römischen Einflüsse gab. »Die gab es sehr wohl«, sagt er. Als Beweis dient gleich ein ganzes Museum, das in Irun in einem etwas versteckteren Stadtwinkel liegt. Bis dorthin reichte zu Römerzeiten das Wasser. Hier nahm der Flussmündungstrichter des Bidasoa den Tidenhub des Atlantiks auf. Hier existierte sogar ein von Menschenhand angelegter Hafen, spannt Jiménez den Bogen in die Vergangenheit.

Vieles von dem, was Ausgrabungsarbeiten zutage förderten, ist in den vorbildlich aufgezogenen Sälen des Römischen Museums Oiasso (spanisch: Museo Romano Oiasso) gelandet. Keramik in Form von Henkelkrügen, Schalen und Öllampen sowie Fragmente aus den Bodenbelägen von Thermen dürften für Besucher von Römermuseen gewöhnlich sein. Doch ungewöhnlich sind einige Kuriosa und Schätze. So wie kleine Bronzefiguren, die Gottheiten wie Minerva und Mars darstellen und aus dem Meer beim nahen Kap Higuer geborgen wurden. So wie Reste von Lederschuhen und Ledersandalen, deren dicke weiche Sohlen eisenverstärkt waren, wie man in einer Vitrine sieht. So wie Holzkämme. Der Kosmetik und Hygiene maßen die alten Römer große Bedeutung bei. »Es gab sogar eine Art winzige Löffelchen, um sich das Schmalz aus den Ohren zu holen«, erläutert Museumsmann Jiménez und setzt hinzu: »Wer ungepflegt wirkte, konnte keine Rolle in der Gesellschaft spielen.« Überraschende Exponate sind überdies Angelhaken und Kordelstücke, die 2.000 Jahre alt sind – der natürlichen Konservierung im Schlick sei Dank. Wissenswertes erfährt man außerdem zur Minenwirtschaft und Ernährung aus jener Ära.

Das Museum ist in einem einstigen Lagerhaus untergebracht, das später als Schule genutzt wurde. Draußen zeichnen Zypressen ihre Schatten auf die helle Fassade.

Adresse Museo Romano Oiasso, Eskoleta 1, 20302 Irun, www.oiasso.com | Anfahrt an der Autobahn AP-8 und der Landstraße GI-636 | Öffnungszeiten Juni–Sept. Di–Sa 10–20 Uhr, So 10–14 Uhr, Okt.–Mai Di–Do und So 10–14 Uhr, Fr, Sa 10–14 und 16–19 Uhr | Tipp In Nachbarschaft des Museums erhebt sich massig die Renaissancekirche Santa María del Juncal.

47 Der Berg San Marcial

Ausblick, Kapelle und leibliches Wohl

Diesen Berg im Gemeindegebiet von Irun kennt nicht jeder. Der Monte de San Marcial ragt 225 Meter hoch auf und ist gleichermaßen als Peña de Aldabe bekannt. Hinauf führt ein kurvenreiches Sträßchen durchs Grün.

Gekrönt wird der Berg von einem Kirchlein, das in properem gelb-weißem Anstrich erstrahlt. Die Idee zur Errichtung eines Gotteshauses kam im 16. Jahrhundert auf, um an den Sieg in einer Schlacht gegen die Franzosen am 30. Juni 1522 zu erinnern. Gegen den anfänglichen Plan, ein Mönchskloster zu errichten, widersetzte sich das Volk. Das nämlich befürwortete eine Kapelle zum Gedenken an den heiligen Martial (spanisch: San Marcial), auf dessen Ehrentag der Triumph über die ungeliebten Landesnachbarn gefallen war. Der Erstbau wurde 1796 durch einen Blitzeinschlag und Brand zerstört. 1804 entstand eine neue Kapelle, gefolgt vom klobigen Turm im Jahr 1910.

Dass das Kirchlein meist verschlossen ist, ist kein Hinderungsgrund für die Auffahrt. Die besten Argumente sind a) die Ausblicke und b) die Verköstigung. Aber eins nach dem anderen. Der Panoramapunkt vor der Kirche (Argument a) lässt die Blicke weit in die Ferne über die verästelte Mündung des Grenzflusses Bidasoa schweifen. Von Osten her schiebt sich das französische Hendaye heran, im Vordergrund breitet sich Irun (inklusive wenig ansehnlicher Gewerbegebiete) aus, westlich des Bidasoa liegen Hondarribia und der Küstenberg Jaizkibel. Zutaten fürs leibliche Wohl kann man selbst mitbringen und die Picknickzonen nutzen oder unweit der Kirche im Restaurant »Cantina de San Marcial« (Argument b) einkehren. Die soliden Gerichte und die Weinauswahl lassen nichts zu wünschen übrig, man nimmt drinnen oder draußen Platz. Die Sitzgelegenheiten sind so rustikal wie der Service, was bedeutet: Hier steht nichts unter dem Einfluss eines Mainstream-Tourismus, sondern alles ist baskisch-authentisch.

Adresse Monte de San Marcial, 20305 Irun | Anfahrt ab Irun über die Landstraße GI-3453 | Tipp Vor dem Besuch des Restaurants »Cantina de San Marcial« reserviert man am besten, über den Winter ist es normalerweise komplett geschlossen (Tel. +34/943622229, Mo Ruhetag).

48 Die ökologische Nische

Vogelreiche Feuchtgebiete unter Naturschutz

Eigentlich könnte man diese Gegend im spanisch-französischen Grenzraum für einen hoffnungslosen Fall halten und rasch abhaken. Am Rand der Flussmündung des Río Bidasoa schweben gelegentlich Flugzeuge auf den Airport von San Sebastián zu, wobei die Stadt selbst weit entfernt liegt. Am Rand von Irun zerschneiden Bahngleise die Landschaft, wälzen sich Verkehrsströme entlang. Umso überraschender ist es, dort von der stark befahrenen Hauptdurchgangsstraße abzubiegen und in eine ökologische Nische vorzustoßen. Dort erwartet Besucher ein Naturschutzgebiet, das als Parque Ecólogico de Plaiaundi oder Espacio Natural Protegido de las Marismas de Txingudi bekannt ist. Entscheidend ist das Wort »Marismas«, was »Marschländer« oder »Feuchtgebiete« bedeutet. Das Schutzareal umfasst 24 Hektar und ist selbst für Einheimische noch ein Insidertipp.

Hinter dem Parkplatz und einem Informationszentrum (baskisch: Ekoetxea Txingudi) startet ein kleines Wegenetz von etwa zwei Kilometern. Da fühlt man sich rasch in eine andere Welt versetzt. Es ist eine Welt aus zwei Lagunen, in denen sich Enten und Blässhühner tummeln und die Spiegelbilder von Bäumen, Büschen und Ufergräsern ihre Bäder nehmen. Das Wasser gibt auch Krabben Lebensraum, Watvögel finden reich gedeckte Tische von Kleinstlebewesen vor. Je nach Jahreszeit machen Zugvögel Station. Die beiden Lagunen San Lorenzo und Txoritegi sind durch ein altes Schleusensystem miteinander verbunden, die den Zufluss durch den Tidenhub regulieren.

Im Einzugsgebiet des Bidasoa führen die Wege an Wiesen, efeuumrankten Stämmen und Haselnusssträuchern entlang sowie zu Vogelbeobachtungshäuschen. Dass in das Gelände ein Sportstadion mit einer Laufbahn und einem Rugbyfeld integriert ist, darf man als merkwürdig empfinden. Und wenn in Sichtweite ein Flugzeug startet oder landet, ist es mit der Ruhe vorbei. Doch danach kehrt die friedliche Stimmung zurück.

Adresse 20304 Irun, www.ekoetxea.eus/es/txingudi | **Anfahrt** Abzweig ins Schutzgebiet von der Landstraße GI-636 | **Öffnungszeiten** tagsüber jederzeit freier Zugang, Parkplatz April–Okt. täglich 9.30–19.30 Uhr, Nov.–März täglich 9.30–18 Uhr | **Tipp** Im Vorbereich des kleinen Naturschutzareals lässt sich an einigen Tischen gemütlich picknicken.

49 Die Bodega »El Fabulista«

Verschlungene Weinlager in der Tiefe

Im Grunde gebe es zwei Laguardias, sagen die Einheimischen nicht frei von Stolz: eins oben, eins unten. In der Tiefe ist der Ort durchlöchert wie ein Schweizer Käse. Sechs, sieben Meter unter den Gassen und Plätzen öffnen sich Höhlen, verlaufen verschlungene Gänge, allesamt geschaffen von Menschenhand. Über ein halbes Jahrtausend haben sie auf dem Buckel und waren einst an den Wehrcharakter des Dorfes geknüpft. Dort konnte man Vorräte für mögliche Belagerungen horten und sich zur Not bei feindlichen Angriffen verschanzen, sollte es irgendwem gelingen, den mittelalterlichen Mauerverbund zu überwinden. Später, nachdem die Gefahren gebannt waren, wurden manche der insgesamt 300 Grotten und Tunnel zu Weinlagern umfunktioniert.

Ein plastisches Beispiel gibt die Bodega »El Fabulista«, eine familiär geführte Kellerei gegenüber der Kirche San Juan. Der Saal mit dem Traubenbecken und der Presse wird einzig während der Lesezeit genutzt und dient sonst als Verkaufs- und Empfangsraum. Über eine Treppe geht es hinab in den Untergrund, der Kühle, Stille und Dunkelheit entgegen.

Führungen leiten durch das kleine Ganglabyrinth, das sich auch unter den benachbarten Barockpalast Samaniego schiebt. Dort wurde der Namensgeber der Kellerei geboren: Félix María Samaniego (1745–1801), der als »Fabulista« hervortrat, als »Fabeldichter«, einer der bekanntesten seiner Zeit in Spanien.

Im Untergrund riecht es feucht, etwas modrig. Seit alters her besteht der Zugang zu einer Quelle. Strahler setzen die Gewölbe ins rechte Licht. Hier reifen die Weine, auch in Eichenholzfässern. Nach alter Sitte werden weiße und rote Tropfen produziert. Beim Streifzug muss man aufpassen, nicht mit dem Kopf anzustoßen. Am Ende der Führung bietet sich das ideale Szenario für die Verkostung, begleitet von etwas Käse, Paprika-Knoblauch-Wurst und Salzgebäck. Authentischer und stimmungsvoller geht es kaum.

Adresse Bodega El Fabulista, Plaza de San Juan, 01300 Laguardia, Tel. +34/945621192, www.bodegaelfabulista.com | Anfahrt Autobahn AP-68 oder Nationalstraße N-232, dann über die Regionalstraßen LR-251/A-3216, Parkplätze außerhalb des Stadtmauergürtels | Öffnungszeiten Führungen inklusive Kostprobe nach Voranmeldung Mo–Fr 11.30, 13, 17.30 und 19 Uhr, Sa 11, 11.30, 13 und 13.30 Uhr, So 11.30 und 13 Uhr | Tipp In Laguardia bieten auch andere Weinproduzenten regelmäßig Führungen mit Verkostungen an: die Casa Primicia (www.bodegascasaprimicia.com), die Cueva Dorretxe (www.cuevadorretxe.com) und die Bodegas Carlos San Pedro Pérez de Viñaspre (www.bodegascarlossanpedro.com).

50__Der historische Kern

Blumenschmuck, Gassen und ein Glockenspiel

Warum Laguardia übersetzt »die Wache« bedeutet, wird bereits bei der Anfahrt aus der Ferne deutlich. In strategischer Bestlage hebt sich der mauerumzogene Altstadthügel wie ein einsamer Wachposten von den dahinter liegenden Gebirgsflanken und den weitläufigen Weinbaugebieten ab. Im Mittelalter fungierte der Wehrort als Vorposten des Königreiches Navarra nach Kastilien hin. Das mediävale Gepräge lockt in eines der »schönsten Dörfer Spaniens«. So verbürgt es eine Tafel am östlichen Stadtmauertor (Puerta Nueva, auch Puerta de Carnicerías), das die meisten Besucher passieren. Dort liest man auch einen Spruch auf Spanisch: »Friede denen, die ankommen. Gesundheit denen, die hier wohnen. Glück denen, die abreisen.«

Die Ortsstruktur besteht aus wenigen Längs- und Quergassen, gesäumt von Steinhäusern. Ein besonderes Faible gilt dem Blumenschmuck. Da macht es einfach Spaß, sich übers Pflaster treiben zu lassen, die Stimmung zu spüren. Man fühlt sich in andere Zeiten versetzt. Vorausgesetzt, man erwischt einen Tag mit wenig Andrang.

Was weniger bekannt ist: Augen auf an der Fassade des Rathauses mit dem örtlichen Wappen und der Uhr hoch oben unterm Dach! Dort erklingt täglich mehrfach ein kleines Glockenspiel mit Figürchen, die in ihren rot-weißen Trachten regelmäßig aus der Verborgenheit hervorkommen: während der wärmeren Jahreszeit von Mitte Juni bis Mitte Oktober gewöhnlich um 12, 13, 14, 17, 20 und 22 Uhr, während des restlichen Jahres um 12, 14, 17 und 20 Uhr. Das Schauspiel ist kurz, aber nett.

Was ebenfalls nicht jedermann weiß: Spaziert man durch das westliche Stadtmauertor, die Puerta de Páganos, bieten sich phantastische Ausblicke über die Weingärten der Rioja Alavesa. In der Ferne in Richtung Gebirge schimmert das metallene Wellendach der Weinkellerei Ysios, ein Werk des spanischen Stararchitekten Santiago Calatrava.

Adresse 01300 Laguardia, www.laguardia-alava.com | Anfahrt Autobahn AP-68 oder Nationalstraße N-232, dann über die Regionalstraßen LR-251/A-3216, Parkplätze außerhalb des Stadtmauergürtels | Tipp Ab Laguardia bietet sich ein Abstecher nach Logroño an, die Hauptstadt der Nachbarregion La Rioja; schöne Altstadt und historische Pilgerbrücke.

51_Das Portal

Die Sturzflut eines geöffneten Bilderbuchs

Der größte Schatz von Laguardia liegt gut versteckt. Nichts deutet in Außenansicht auf den ureigenen Zugang in die Kirche Santa María de los Reyes hin. Hinter dem zur Straße hin platzierten Vorbau öffnet sich ein Riesenportal aus bemaltem Stein. Tritt man hinein, verschlägt es einem die Sprache. Die Sturzflut aus Farben, Reliefs und Skulpturen überwältigt. Welch ein Glück, dass der Vorbau aus der Renaissance dieses gotische Portal seither komplett abgeschirmt und vor Zerstörungen und Witterungseinflüssen bewahrt hat. Eine Licht-und-Ton-Schau setzt das Portal, das zwar vor Jahrhunderten neu bemalt und später gereinigt, aber niemals restauriert wurde, wirkungsvoll in Szene.

Maria, die Namensgeberin der Kirche, ist zentral auf einer Säule zwischen den Doppeltüren platziert. Es mutet an, als würde die Skulptur die gesamte Szenerie überwachen. Gütig hält sie mit der Linken Jesus umfasst und macht in der Taille eine leichte Drehung, um dem Gewicht des Kindes entgegenzuwirken. Das verleiht ihr eine ausgeglichene Haltung. Ihre Augenbrauen verlaufen in Sichelform, ihre Hände sind fein und zartgliedrig. Leicht erhöht steht sie über den Bildnissen der Apostel, die die Seiten auf kunstvollen Sockeln flankieren, allesamt in Gewänder mit minutiös herausgearbeiteten Faltenwürfen gehüllt.

Die Reliefs im Bogenfeld thematisieren Szenen aus dem Leben Mariens, die anderweitig geläufig sind – aber nicht unbedingt so. Bei der Anbetung der Weisen aus dem Morgenland steht dem farbigen König ein farbiger Diener zur Seite, der die Pferde hält. Und am Sterbebett Mariens fließen tatsächlich Tränen der trauernden Apostel; Johannes hat sich am stärksten vornübergeneigt und hält ihre kreideweißen Hände. Die Darstellung dürfte schon vor Jahrhunderten Gläubige berührt haben, die des Lesens und Schreibens nicht kundig waren und nun einem geöffneten Bilderbuch gegenüberstanden.

Adresse Iglesia de Santa María de los Reyes, Calle Mayor 1, 01300 Laguardia | **Anfahrt** Autobahn AP-68 oder Nationalstraße N-232, dann über die Regionalstraßen LR-251/A-3216, Parkplätze außerhalb des Stadtmauergürtels | **Öffnungszeiten** Kirchenschlüssel und Informationen zu Besuchen mit Licht-und-Ton-Schau beim Fremdenverkehrsbüro: Oficina de Turismo, Calle Mayor 52, Tel. +34/945600845; Anmeldung für Besichtigungen unter www.laguardia-alava.com | **Tipp** Auf dem Platz neben der Kirche, der Plaza El Gaitero, ist eine bronzene Kunst-Hommage aus Taschen und Schuhen zu sehen: »Reisende« (spanisch: Viajeros) von Koko Rico.

52 Das charmante Landhotel

Ein Standquartier für Entdeckungen

Wohl dem, der sein Auto in Lekeitio endlich abgestellt hat. Der öffentliche Parkraum ist begrenzt und nicht billig. Da liefert der kostenlose Gästeparkplatz neben einem Eukalyptushain gleich das erste Argument für das Hotel Zubieta. Dieses liegt etwas abseits der Bucht, doch bis dorthin braucht man lediglich 15 Minuten zu Fuß und spart sich die Parkplatzsuche. Insofern eignet sich das Hotel ideal als Standquartier für Entdeckungen. Zufahrt und Ausgang führen durch einen Bambushain. Los geht's zur Tour durch Lekeitio, wo Laternen geschmackvoll drapierte Blumenschalen tragen und viele Bewohner die frisch gewaschene Wäsche auf ausspannbaren Leinen trocknen.

Erste Station ist der Hafen, einer der schönsten im Baskenland und in der geschützten Bucht hinter Wellenbrechern gelegen. Vor Jahrhunderten stachen von hier aus Walfänger in See. Fein aufgereiht liegen Motorboote und Jachten nebeneinander, deren Masten mit den dahinter befindlichen Häuserzeilen verschmelzen. Die Fischerflotte ist im Vergleich zu früher dezimiert.

Hinter dem Hafen wuchtet sich der Barockturm der spätgotischen Kirche Santa María de la Asunción in die Höhe. Kurze Wege führen an den ersten Strand, die Playa Isuntza, und – jenseits der Flussmündung des Río Lea – an den zweiten Strand, die Playa Karraspio. Im Blick liegt die unbewohnte Insel Garraitz, die man bei Ebbe vom Strand Isuntza aus über einen Dammweg erreicht. Vorsicht, der Belag kann glitschig sein und erfordert adäquates Schuhwerk.

Nach der Entdeckungsrunde freut man sich auf die Rückkehr ins Quartier, das aus einem Herrenhaus aus dem 17. Jahrhundert hervorgegangen ist. Entspannen lässt sich in der kleinen Grünanlage, am Pool oder bei einem Drink auf der Terrasse vor der Fassade aus Backstein und Holz. Oder in Sofa-, Sessel- und Leseecken im rustikalen Innern. Das Drei-Sterne-Haus pflegt den wohligen Charme eines Landhotels.

Adresse Hotel Zubieta, Calle Atea s/n, 48280 Lekeitio, Tel. +34/946843030, www.hotelzubieta.com | Anfahrt von Süden über die Landstraße BI-2405; von Westen über die Landstraße BI-2238 | Tipp Wer nicht das Bistro des Hotels nutzen will, findet im Ortskern einige Adressen zur Einkehr, darunter am Hafen die Taverne Willow's mit Terrassenplätzen (Tel. +34/946243570).

53 Der Leuchtturm

Hoch über den Klippen

Über die Küste des Baskenlands – inklusive des französischen Teils hinter der Grenze – verteilt sich ein Dutzend Leuchttürme, und die waren und sind wegen der Gefahren im Golf von Biscaya unerlässlich. Einer davon ist der Leuchtturm (spanisch: faro) Santa Catalina, der nördlich von Lekeitio seit 1862 seine Dienste über einem kleinen Kap verrichtet. In früheren Zeiten gab es weder eine asphaltierte Zufahrtsstraße noch einen beleuchteten Weg vom Hafen dorthin.

Der Leuchtturm liegt 46 Meter über dem Meeresspiegel. Das Licht strahlt 17 Seemeilen weit aus, die Struktur des Bauwerks ist gedrungen. Es misst lediglich zwölf Meter.

Heutzutage ist der Leuchtturm selbst bei geführten Besuchen nicht betretbar, da er unverändert in Betrieb ist. Der Zug der Zeit hat eine komplette Automatisierung mit sich gebracht. Der letzte Leuchtturmwärter, Laureano Díaz Benitez, lebte von 1950 bis 1981 mit seiner Familie hier. Alle fünf Kinder kamen im Leuchtturmwärterhaus zur Welt. Der Lichtbetrieb lief über mehrere Generatoren. Im Falle eines Ausfalls ertönte ein ohrenbetäubendes Horn, das bei Nebel immer noch anspringt.

Vor dem Leuchtturm breitet sich ein Holzplateau aus, wo sich Vorzugsblicke über die Küste bieten. Hier thront man hoch über den Klippen, die an manchen Stellen rostbraune und ockerfarbene Töne tragen. Wellen klatschen gegen die Felsen. Allein das Panorama ist ein gutes Argument für den Besuch. Unterhalb des Leuchtturms liegt das Interpretationszentrum, wo man einen Bootssimulator betritt und eine Abfolge mehrerer Videos zu sehen bekommt. Im Hafenstädtchen Lekeitio, so erfährt man, erfüllten Frauen einst eine wichtige Rolle. Als Ausruferinnen (spanisch: llamadoras) waren sie bereits früh am Morgen auf den Beinen und prüften die Wetterverhältnisse. Dann riefen sie jeden Fischer einzeln mit seinem Namen auf, damit er bei akzeptabler See hinausfahren konnte.

Adresse Faro de Santa Catalina, Avenida de Santa Catalina 65, 48280 Lekeitio | **Anfahrt** von Süden über die Landstraße BI-2405; von Westen über die Landstraße BI-2238, ab dem Ortskern Zubringerstraße nordwärts zum Leuchtturm | **Öffnungszeiten** Führungen rund um den Leuchtturm: Juli, Aug. Mi–Sa 11.30, 13, 16.30 und 18 Uhr, So 11.30 und 13 Uhr, ansonsten Sa 11.30, 13, 16.30 und 18 Uhr, So 11.30 und 13 Uhr, Informationen im Tourismusbüro an der Plaza de la Independencia (Tel. +34/946844017) | **Tipp** Neben dem Zugang zum Leuchtturm liegt die Bar del Faro, wo man entweder geschützt oder schön auf der Terrasse sitzen kann (Tel. +34/628570307).

54 Die dominante Barockpracht

Im Zeichen des Kreuzes der Jesuiten

Sie beherrscht das Ortsbild von Loiola und beansprucht alle Blicke für sich: die barocke Basilika, die ganz im Zeichen des heiligen Jesuitengründers Ignatius von Loyola (1491–1556) steht. Ihre Monumentalität sollte von Beginn an Eindruck schinden: mit dem weit ausgreifenden Vorplatz, der 65 Meter hohen Kuppel, den brciten und von Balustraden begrenzten Freitreppen, den Löwenskulpturen an der Seite. Respekt- und rücksichtslos verdeckt die Basilika allerdings das Allerwichtigste, nämlich das dahinter liegende Turmhaus der Adelsfamilie Loyola, in dem Ignatius das Licht der Welt erblickte (siehe Ort 55). Abstandsgebote schienen den Bauherrn fremd zu sein. Das vom Jesuitenorden in Auftrag gegebene Gotteshaus, ein Projekt des italienischen Architekten Carlo Fontana (1638–1714), wurde ganz nah davor gesetzt. Grundsteinlegung war im Jahr 1689, der Bauabschluss 1738.

Die Hauptfassade schiebt sich halbkreisförmig mit Säulen und drei Riesenbögen heraus. Selbstverständlich setzt sich die Monumentalität im Innern fort. Es wurde an nichts gespart, wie Marmor, Gold- und Silberglanz zeigen. Den Auftakt macht die massige, mit Schnitzarbeiten verzierte Holztür. Gleich darüber liegt die Orgelempore. Ein noch größerer Blickfang ist die reich ausgeschmückte Kuppel, deren innerer Durchmesser 20 Meter beträgt. Damit sich Betrachter keine Nackenstarre holen, finden sie in der Mitte des Kirchenraums einen Spiegel. Da schaut man bequem nach unten – und damit nach oben.

Eine Figur des Ignatius präsidiert den barocken Hauptaltar. Auf weiteren Altären, um den kreisförmigen Grundriss der Basilika angeordnet, trifft man auf bedeutende Jesuiten wie Franz Xaver (1506–1552), der als Missionar nach Asien ging, und Petrus Claver (1580–1654), der in der kolumbianischen Hafenstadt Cartagena die Qualen der Sklaven zu lindern versuchte. Claver ist der Patron der Menschenrechte.

Adresse Basílica-Santuario de Loiola, 20730 Loiola (spanisch: Loyola), www.loyola.global | Anfahrt von der Autobahn AP-8 Abzweig über die Landstraße GI-631 südlich nach Azpeitia und weiter nach Loiola | Öffnungszeiten täglich 10–13.30 und 15.30–18 Uhr, im Sommer bis 19 Uhr | Tipp Der gepflegte, baumreiche Park vor der Basilika bietet sich für einen Spaziergang und eine Rast an.

55 Das Turm- und Geburtshaus

Auf den Spuren des heiligen Ignatius

Das elterliche Turmhaus in Loiola prägte Ignatius von Loyola stärker als alles andere. Hier kam er 1491 als jüngster Spross einer Adelsfamilie zur Welt. Hier wuchs er auf. Hier versuchte er 1521/22 in zehrend langen Monaten, seine Verletzungen auszukurieren, die er im Kampf gegen die Franzosen bei der Verteidigung der Zitadelle von Pamplona erlitten hatte.

Ignatius war kein Heiliger, zumindest nicht zu Beginn. Ihm war nichts Menschliches fremd. Frauen, Glücksspiel, Alkohol, Raufereien. Folgt man den Worten in seinem autobiografischen »Bericht des Pilgers«, war er »ein den Eitelkeiten der Welt ergebener Mensch und vergnügte sich hauptsächlich an Waffenübungen, mit einem großen und eitlen Verlangen, Ehre zu gewinnen«. Ignatius schwebte eine höfisch-ritterliche Laufbahn vor. Doch dann zertrümmerte in Pamplona eine Kanonenkugel seinen Traum. Das rechte Bein wurde schwer getroffen, auch das linke in Mitleidenschaft gezogen. Auf einer Trage schaffte man ihn zum heimatlichen Turmhaus nach Loiola. Knapp zwei Wochen dauerte der beschwerliche Transport. Die medizinischen Eingriffe jener Zeiten brachten keinen Durchbruch. Er blieb ans Krankenbett gefesselt, wo die Lektüre einzig aus Heiligenlegenden und Ausführungen über das Leben Jesu Christi bestand. Dafür begeisterte er sich und übertrug seine ritterlichen Sehnsüchte auf die geistliche Schiene. Nun wollte er Gott dienen. Eine Marienvision bestärkte ihn in seinem Vorhaben. Später ging er zum Studium nach Paris und gründete die Gemeinschaft der Jesuiten.

Der Gang durch das mehrgeschossige Turmhaus führt ins stark restaurierte Geburtszimmer und in die Kapelle, wo eine Skulptur die innere Wende des Ignatius ausdrucksstark vor Augen führt. Zugaben sind Gemälde, Schaukästen, Buntglasfenster – über einen karrierebewussten Lebemann, der zum Heiligen wurde.

Adresse Casa Natal de San Ignacio, Santuario de Loiola, 20730 Loiola, www.loyola.global | **Anfahrt** von der Autobahn AP-8 Abzweig über die Landstraße GI-631 südlich nach Azpeitia und weiter nach Loiola | **Öffnungszeiten** täglich 10–12.30 und 15.30–18.15 Uhr | **Tipp** Pilger starten in Loiola ihre Wanderung auf dem Ignatiusweg, den Ignatius von Loyola 1522 zurücklegte. Die insgesamt 27 Etappen führen durch das Baskenland, La Rioja, Navarra und Aragonien nach Katalonien, Endpunkt ist das katalanische Städtchen Manresa (www.caminoignaciano.org).

56_Der Ort über dem Meeresarm

Wellenschlag und Panoramen

Wer auf der Landstraße achtlos vorbeirauscht, verpasst herrliche Aussichten. Denn Mundaka ist ein kleiner Thron über dem gleichnamigen Meeresarm, der seinerseits zum Biosphärenreservat Urdaibai gehört. Die unter diesem Namen von der UNESCO geadelte Naturlandschaft umfasst insgesamt eine Fläche von 230 Quadratkilometern und ist ökologisch wertvoll, nicht zuletzt wegen der vielfältigen Vogelwelt. Fischadler und Wanderfalken kommen ebenso vor wie Kormorane, Löffler, Bussarde und Purpurreiher.

Der Meeresarm von Mundaka greift tief ins Landesinnere, wo er den Fluss Oka aufnimmt und Salz- und Süßwasser sich vermischen. Der Einschnitt wird von Hügeln beflankt und ist geprägt von Feuchtgebieten, die dem starken Tidenhub des Atlantiks unterworfen sind. In Mundaka selbst wechseln sich Klippen und Sandflächen ab, die bei Ebbe regelrecht leer geschlürft sind. Von der Gegenseite der Mündung schieben sich die Sandzungen des Laida-Strands heran, ein Paradies für Beachwalker und Wassersportler.

In der Surferszene hat die Gegend von Mundaka ihren festen Platz und die vom lokalen Surf-Ass Gaizka San Justo geführte Surfschule »Mundaka Barra Surf« ihren Kundenstamm. Mit sieben Jahren stieg San Justo das erste Mal aufs Brett. Seither ist es seine Passion. Die berühmte »Linke Welle von Mundaka« (spanisch: Ola izquierda de Mundaka) fordert selbst Fortgeschrittene heraus. Die Welle bildet sich mit Süd-Südwest-Winden. Sie kann 4 Meter hoch und 400 Meter lang sein und formt eine charakteristische Röhre. Die besten Chancen auf die Welle bestehen im Herbst und Winter.

Wer dem Wellenschlag lieber von Land aus lauscht, nimmt die kleinen, sympathischen Promenadenstücke in Angriff. In Sicht liegt die dem Meeresarm vorgelagerte Insel Izaro – und der Ausblick ins Landesinnere hält Vergleichen mit Skandinavien stand.

Adresse 48360 Mundaka, www.mundakaturismo.com | Anfahrt auf der Landstraße BI-2235 nördlich von Gernika-Lumo nach Mundaka und weiter in den Hafenort Bermeo | Tipp Wer in Mundaka bleiben will, findet Quartier im familiär geführten Hotel Atalaya in der Calle de Itxaropen 1. Vorteil für Autofahrer ist der hauseigene Parkplatz (Tel. +34/946177000, www.atalayahotel.es).

57 Die alte Universität

Eine Perle des plateresken Stils

Eingebettet in ein weitläufiges Tal, überrascht Oñati mit einer Hochschule und ihrer Geschichte. 1540 wurde hier der Grundstein für eine der ältesten Universitäten Spaniens gelegt. Dahinter stand der umtriebige Gottesmann Rodrigo Mercado de Zuazola (um 1470–1548), der Bischofsämter auf Mallorca und in Ávila bekleidete und bei der Inquisition mitmischte. Da Zuazola aus Oñati stammte, wollte er seinen Heimatort mit einem Studienzentrum ausstaffieren – und sich selbst ein Denkmal setzen. »In dieses Werk steckte er seinen ganzen Eifer und sein Vermögen«, liest man in der Chronik der Stadt. 1542 lief der Lehrbetrieb an, 1901 fand er – nach vorübergehender Schließung zuvor – definitiv sein Ende.

»Universität des Heiligen Geistes« (spanisch: Universidad Sancti Spiritus) lautete der Name der Hochschule, an der man Theologie, Rechtswissenschaften, Philosophie und Medizin studieren konnte. Das Gebäude glänzt mit einer Zauberfassade, die von zwei wuchtigen, festungsartigen Türmen flankiert wird. Der Stil ist plateresk, typisch in Spanien für die Frührenaissance. Die Bezeichnung leitet sich von »plateros« ab, also Silberschmieden, was bedeutete: Ähnlich fein gingen die Meister in der Architektur vor und schufen im Fall von Oñati Dekors aus Säulen, Skulpturen, Pflanzen- und Drachenreliefs. Diverse Steinmetze und Bildhauer, darunter der Franzose Pierre Picart, vermischten religiöse und weltliche Motive. Picart entwarf auch das platereske Retabel der Universitätskapelle. Ebenfalls sehenswert ist der Kreuzgang, der aus zwei Galerien besteht und mit Medaillons verziert ist. Heute sind in dem unter Denkmalschutz stehenden Komplex öffentliche Einrichtungen untergebracht.

Es wäre es viel zu schade, den Besuch in Oñati einzig auf die alte Universität zu beschränken. Die geschäftige, lebhafte Innenstadt legt sich um den Hauptplatz mit Arkaden, Blumengehängen und dem Rathaus.

Adresse 20560 Oñati, www.oñatiturismo.eus | Anfahrt auf der Landstraße GI-2630 von der nordwestlich verlaufenden Autobahn AP-1 nach Oñati | Tipp Für eine Rast auf dem Hauptplatz in der Altstadt bieten sich die Freiluftterrassen der Taberna Oñati an.

58 Der Mittwochsmarkt

Treffpunkt seit über 500 Jahren

Immer wieder mittwochs steigt im Herzen von Ordizia der Wochenmarkt – und das bereits seit 1512, dem Jahr der größten Tragödie der Ortsgeschichte. Damals tobte eine Brandkatastrophe. Um wirtschaftlich neue Impulse zu setzen, wurde noch im selben Jahr der Markt begründet.

Heute beleben Händler und Käufer die denkmalgeschützte Altstadt, wo wappengeschmückte Paläste und Balkone mit Blumenschmuck die Kulissen abgeben. Das Leben pocht vor allem auf der zu allen Seiten hin offenen Halle auf dem Hauptplatz, der Plaza Mayor, an die das Rathaus stößt. Innen verfängt sich das Stimmengewirr. An einer Seite hat der Bildhauer Javier Arrieta seine Skulptur »Goizane« platziert, gefertigt aus Kastanienholz. Es ist eine Hommage an den Typus der Marktfrau, die ihre Produkte vom Gehöft hierherbringt. In der rechten Hand hält sie einen Kohlkopf.

Für über drei Dutzend Produzenten aus der Region ist der Traditionsmarkt ein Schaufenster. Zum Beispiel für Ion Etxeberria, einen hauptberuflichen Imker, der je nach Jahreszeit hier vertreten ist. Er lockt mit kleinen Kostproben seiner Honigsorten wie Akazie und Rosmarin, bietet Fläschchen mit Propolis an und Bienenwachs, damit die Kunden ihre eigenen Cremes herstellen können. Ihn freut die boomende Nachfrage nach Produkten mit Gesundheitsfaktor, doch deswegen kann er nicht die Herstellung der Waren erhöhen. Seine Kapazitäten sind begrenzt. »Wenn die Produkte aus sind, sind sie aus«, sagt er lapidar.

Falls man Etxeberria nicht antrifft, findet man mit Gewissheit andere, die den qualitativ hochwertigen Idiazabal-Käse aus Schafsmilch feilbieten, Hartwürste, Brotkloben, ökologischen Apfelsaft, Walnüsse, hausgemachte Feigenmarmelade und Tomatensoße, Bohnen und Linsen aus Säcken. Ein Schwerpunkt liegt auf frischen Saisonprodukten wie Tomaten, Paprika, Peperoni, Pilzen, Kürbissen – all dem, was die baskischen Böden in der Umgebung hergeben.

Adresse um die Plaza Mayor (baskisch: Plaza Nagusia), 20240 Ordizia | Anfahrt von Nordosten über die Autobahn A-1 oder die Landstraße GI-2131 | Öffnungszeiten Mi 8–12.30/13 Uhr | Tipp Gut für die Übernachtung in Ordizia eignet sich das zentral gelegene Hotel Ordizia in der Filipineta Kalea 6 (Tel. +34/843739797, www.hotelordizia.eus).

59 Die Gesichter eines Ortes

Zwischen historischem Viertel und Strand

»Orio ist ein privilegierter Ort. Er ist an einem wunderbaren Platz gelegen, wo sich das Meer, der Fluss und die Berge vereinen. Und er ist grün und blau zur selben Zeit, natürlich zu hundert Prozent.« Spätestens hier muss man Einspruch erheben gegen die schwärmerische PR-Selbstdarstellung des einstigen Fischerdorfes an der Flussmündung des Río Oria. Denn daraus geht nicht hervor, dass der Ort weit auseinandergerissen und in Altstadt und Strandbereich geteilt ist. Genau dazwischen setzt die oberhalb verlaufende Autobahn AP-8 einen visuellen und akustischen Einschnitt. Wer das geschluckt und verinnerlicht hat, darf sich gleichwohl auf den »privilegierten Ort« freuen, durch den sich das Flüsschen bis zur Mündung schlängelt. Noch immer fahren Fischerboote vom Atlantik stromaufwärts unter der Autobahnbrücke her und finden ihren Parkplatz auf Höhe des historischen Viertels, das im Mittelalter wurzelt. Die Fischer von Orio galten vor Jahrhunderten als unerschrockene Männer, die auf Walfängerflotten bis ins heutige Kanada vorstießen.

Aus der kleinen Altstadt erhebt sich die klobige Kirche San Nicolás de Bari, deren Vorbau eine künstlerische Note der Moderne trägt. Es ist eine Pietà, die der baskische Bildhauer Jorge Oteiza (1908–2003) auf eigenwillige Art interpretierte und bei deren Umsetzung er den lokalen Kunsthandwerker Martín Perona heranzog. In der Altstadt bieten sich die verschiedensten Möglichkeiten zur Einkehr. Oft bleiben die Einheimischen unter sich, denn Orio ist kein Fixpunkt auf der touristischen Landkarte.

Legt man den Schalter von der Innenstadt auf den Strand um, wird man nicht enttäuscht. Den Blick auf den Horizont gerichtet, fühlt man sich am sandigen Hauptstrand, der Playa de la Antilla, weit weg von allem. Hier kann man baden, sonnenbaden, relaxen, abschalten. Da ist es egal, dass irgendwo im Rücken ein Autobahnstrang verläuft.

Adresse 20810 Orio, https://turismo.orio.eus | Anfahrt an der Autobahn AP-8 und der Nationalstraße N-634 | Tipp Ein Quartier mit Wellness-Bereich bietet das Hotel Villa Antilla in der Hondartza Bidea 1 hinter dem Hauptstrand (Tel. +34/943892102, www.villaantilla.com).

60 Der Tunnel San Adrián

Ein kühler Atem im Gebirge

Das gehört längst zum Lebensgefühl: Das Wandern ist auch der Basken Lust. Eines der schönsten Ziele im Naturpark Aizkorri-Aratz ist der Tunnel San Adrián (spanisch: Túnel de San Adrián), der einem seinen kühlen Atem entgegenhaucht. Durch den Tunnel führt eine Variante des Jakobswegs, der vom Ort Zegama her angestiegen ist und weiterleitet nach Zalduondo. Zegama liegt von hier aus 7,8 Kilometer entfernt, Zalduondo 8,5 Kilometer.

Der Tunnel ist etwa 70 Meter lang und bildet einen imposanten Durchgang im Gebirge. Er zählt zum baskischen Kulturgut und lag im Mittelalter auf einer frequentierten Handelsroute. Man muss genau hinschauen, um zu erkennen, worauf Regionalkenner Ion Ubide deutet: die Reste einer befestigten Straße (spanisch: calzada). Inner- und außerhalb des Tunnels glänzen einige Steine, im Laufe der Jahrhunderte abgeschliffen durch die Schritte von Menschen. Der bekannteste Begeher soll im 16. Jahrhundert Spaniens König Karl I. gewesen sein, natürlich nicht allein, sondern in Begleitung seiner Eskorte.

Das schönere der beiden Enden des Tunnels wendet sich zur Seite von Zegama hin, was man von hier aus nicht sieht. Stattdessen bieten sich herrliche Fernblicke über das Grün der Berge. Hineingebaut in einen Teil des Tunnels sind ein Torbogen und eine schmucklose Kapelle, die das Relief einer Jakobsmuschel trägt, des Erkennungszeichens aller Jakobswallfahrer. Als Zeichen des Angekommen-Seins haben Pilger oder andere Wanderer Steine hinterlassen.

Ein Handy- oder Taschenlampenlicht braucht man nicht, um den Tunnel zu passieren, doch vorsichtig muss man trotzdem sein. Der Boden ist mit Geröll übersät. Der Ausgang in Richtung Zalduondo ist längst nicht so hoch und so raumgreifend. Der Blick stößt an einen felsigen Wiesenabhang, bevor der Weg nach rechts abknickt und über Gras durch eine Felssenke führt. Das Gebirge ist hier Lebensraum von Gänsegeiern.

Adresse Parque Natural de Aizkorri-Aratz, Aufstieg oder Anfahrt ab 20215 Zegama | Anfahrt Tunnel auf der 16,3 Kilometer langen Jakobsweg-Etappe Zegama–Zalduondo; mit dem Pkw auf der Landstraße GI-2637 ab Zegama weiter aufwärts, kurz nach der Passhöhe Otzaurte rumpeliges Bergsträßchen nach rechts, knapp 10 Kilometer weiter Parkplatz Aldaola, ab hier zu Fuß hin und zurück insgesamt 4,5 Kilometer | Tipp An der Landstraße GI-2637 liegt nahe der Passhöhe Otzaurte der Landgasthof Otzaurteko Benta (Tel. +34/943801293, www.otzaurtekobenta.com).

61 Die Wanderung ins Hochbecken

Buchenwälder, Kalksteingipfel, Traumpanoramen

Schnüren Sie die Wanderschuhe! Die beste Art, den Naturpark Aizkorri-Aratz zu erleben, ist eine halbtägige Trekkingtour – und der beste Startpunkt liegt oberhalb des Heiligtums Arantzazu (siehe Ort 3). Dass man ab dort einem Etappenstück des Ignatiuswegs auf Ignatius von Loyolas Spuren folgt, spielt eigentlich keine Rolle, hilft aber bei der Orientierung: immer den Wanderzeichen und den orangefarbenen Markierungen des Ignatiuswegs nach. Und immer aufwärts, von 750 Metern in Arantzazu bis auf 1.200 Meter in ein wunderbares Hochbecken. Ziel und gleichzeitig Wendepunkt ist ein einsamer Landgasthof, die Urbiako Fonda. Wer eine gute Kondition mitbringt, braucht bis dorthin etwa eineinhalb Stunden.

Es ist ein breiter, steiniger Weg hinauf durch wunderbare Buchenwälder. Hier atmet man Frische und Stille ein, begleitet vom Geräusch der eigenen Schritte. Stämme stecken in Moosschuhen, Farne wuchern übermannshoch. Der Weg zieht sich zu einem schmaleren Steinpfad zusammen. Wurzeln buckeln sich auf dem Boden auf. Dann geht es hinaus aus dem Wald und ein Steilstück aufwärts. Die Bergwelt ist weitestgehend unberührt.

Schafe tauchen auf, dann halbwilde Pferde. Der Aufstieg ist geschafft. Eine wiederhergestellte Einsiedelei befindet sich am Weg. Kurz darauf erreicht man die Urbiako Fonda, wo man sich ein kühles Bier und ein belegtes Brot genehmigt – und sich kaum sattsehen kann an dem Traumpanorama. Über dem mit Wiesengrün gefüllten Hochbecken steigt eine Kette heller Kalksteinflanken auf. Höchster Gipfel des Baskenlands ist der Aitxuri (1.551 Meter), an den der Arbelaitz und der Aizkorri knapp heranreichen. Etwas weiter rechts liegt der Aratz (1.443 Meter). So schwer es auch fällt, sich von der Bergstimmung zu lösen: Irgendwann muss man auf demselben Weg zurückkehren.

Adresse Parque Natural de Aizkorri-Aratz, Zugang ab 20567 Arantzazu | Anfahrt knapp 10 Kilometer lange Auffahrt nach Arantzazu vom Städtchen Oñati, (Wander-)Parkplätze vor und ein Stück hinter dem Heiligtum von Arantzazu | Tipp Der Landgasthof Urbiako Fonda hat normalerweise von Mai bis Mitte Oktober täglich geöffnet, sonst nur an den Wochenenden (Tel. +34/943781316). Es gibt keine andere Versorgungsmöglichkeit unterwegs, alternativ bringt man sein eigenes Picknick mit.

62 Das Grünparadies

Wandern zwischen Buchen, Buchs und Steineichen

Manchmal fühlt man sich vom Grün des Parque Natural Izki regelrecht umschlungen. Es setzt sich in diesem Naturpark 40 Kilometer südöstlich der baskischen Hauptstadt Vitoria aus Busch- und Waldgebieten zusammen. Charakteristisch für den Bewuchs sind Steineichen, Buchen, Birken, Buchs, Maulbeerbäume, Pyrenäeneichen, Hagebuttensträucher und Erika. In der Tierwelt liegt der Fokus auf Vögeln, angeführt von Gänsegeiern, Schmutzgeiern, Wanderfalken und Steinadlern.

Dreh- und Angelpunkt in dem 9.473 Hektar umfassenden Schutzgebiet ist der Ort Korres mit dem Besucherzentrum und dem Startpunkt diverser Wanderstrecken. Wer in dem Grünparadies auf Erkundungstour geht, bekommt es nicht mit übermäßigen Schwierigkeitsgraden zu tun. Allerdings sind die Markierungen der eigentlich beschilderten Wanderstrecken nicht flächendeckend zuverlässig. Im Zweifelsfall sollte man auf Hilfe durchs Smartphone setzen oder seinem Instinkt folgen.

Im Naturpark steht ein Netz aus 15 Wanderrouten zur Auswahl, darunter die »Senda Bujanda« von Korres nach Bujanda (3,5 Kilometer) und die etwas anspruchsvollere »Senda San Román« von Korres nach San Román de Campezo (4,5 Kilometer). Es gilt zu bedenken, dass man auch wieder an den Ausgangspunkt zurückmuss und Verpflegung mitbringen sollte. Dies gilt gleichermaßen für die 4,1 Kilometer lange »Senda Antoñana«. Diese Strecke von Korres ins Taldorf Antoñana (siehe Ort 1) liefert einen beispielhaften Querschnitt aus Vegetation, Höhenzügen und Felsgebilden. Der Start durch Korres führt durch Gassen, in denen manche Blumentöpfe fast komplett vergitterte Fenster ausfüllen, und vorbei an der Kirche. Unterwegs genießt man weite Aussichten über die Facetten des Grüns, passiert ein Gatter und folgt einem wunderbar verschlungenen Waldpfad. Da herrscht echte Zauberstimmung – und an heißen Tagen empfindet man die Kühle und den Schatten als Wohltat.

Adresse Parque Natural Izki, Aufbruch zu Wanderungen ab 01129 Korres, www.izkiparkea.eus | **Anfahrt** von Nordwesten ab Vitoria auf der Landstraße A-132 nach Maestu, dort Abzweig auf die A-4124 nach Korres | **Öffnungszeiten** Besucherzentrum des Parks (Casa del Parque): April–Sept. Di–So 10–14.30 und 16–19 Uhr, Okt.–März Di–Fr 9–15 Uhr, Sa, So 10–14.30 und 15.30–17.30 Uhr | **Tipp** Maestu heißt der nächstgelegene Ort von Korres, dort übernachtet man im Hotel Los Roturos (www.hotellosroturos.es).

63 Die Kontraste zur Küste

Wo es duftet und blüht

10, 15 Fahrminuten vom Atlantik entfernt – und schon landet man in einer anderen Welt. Prägnante Kontraste zur Küste verschafft der Parque Natural Pagoeta. Dieser Naturpark umfasst 2.860 Hektar, steigt im Hinterland des Strand- und Surferstädtchens Zarautz an und erreicht eine maximale Höhe von 678 Metern. Der Gipfel ist der Monte Pagoeta. Doch so hoch braucht man nicht hinauf, um sich von der Anziehungskraft packen zu lassen. Die Wanderwege sind im Normalfall wenig frequentiert – wobei der Autor für denkbare Ausnahmen von Schulklassen und Freizeitgruppen keine Garantie übernimmt …

Das Besucherzentrum Iturraran liegt allein auf weiter Flur und ist in einem massigen Landhaus aus dem 18. Jahrhundert untergebracht, das seine Holzstrukturen bewahrt hat. Die ethnografisch-naturkundliche Ausstellung im Innern kann man sich sparen. Interessanter ist der botanische Garten, der sich rundherum ausbreitet. Es duftet und blüht. Dort wachsen Magnolien, Kamelien, Rhododendren, Hortensien, Palmlilien, Sanddorn. Um die Bewässerung von oben braucht man sich keine Sorgen zu machen. Im Naturpark Pagoeta halten 1.600 Millimeter Jahresniederschlag das Pflanzenkleid frisch.

Bestimmte Areale im Naturschutzgebiet bleiben den einheimischen Betizu-Rindern und Pottoka-Pferden vorbehalten. »Diese robusten, kräftigen Pferde, die auf den ersten Blick aussehen wie Ponys, wurden früher bei der Feldarbeit eingesetzt und dann von Traktoren verdrängt. Um sie vor dem Aussterben zu bewahren, leben einige hier im Park«, erklärt die freundliche Dame im Besucherzentrum. Ebendort kann man zu diversen Wanderungen starten. Zu empfehlen ist der knapp vier Kilometer lange Rundweg mit der sperrigen Nummer SL-Gi-4001. Schöne Passagen durch Waldgebiete und am historischen Schmiede- und Mühlenkomplex Agorregi entlang (samt Wasserfall) wiegen auf, dass es zwischendurch ein Stück über Asphalt geht.

Adresse Parque Natural Pagoeta, 20809 Laurgain (nächstgelegener Ort), www.aiapagoeta.com | **Anfahrt** von Norden auf der Nationalstraße N-634 zwischen Zarautz und Orio, auf einer Anhöhe auf die Landstraße GI-2631 Richtung Aia abzweigen und nach etwa 4 Kilometern links zum Besucherzentrum | **Öffnungszeiten** Besucherzentrum Mo geschlossen | **Tipp** Der Schmiede- und Mühlenkomplex Agorregi hat sporadisch geöffnet: von März bis Juni sowie von Anfang Oktober bis Anfang Dezember sonntags, im Juli und September samstags und sonntags, im August donnerstags bis sonntags, jeweils von 11 bis 13 Uhr. Eine Führung startet gewöhnlich um 11.30 Uhr, dann werden die alten, restaurierten Anlagen in Betrieb genommen.

64 Die einsamen Pfade

Der schönste Wanderweg durch den Naturpark

Das Granitmassiv Peñas de Aia zieht einen gleich in den Bann. Im Küstenhinterland südlich der spanisch-französischen Grenze sticht es mit drei Spitzen empor, deren Höhen sich zwischen 812 und 838 Metern bewegen. Peñas de Aia (baskisch: Aiako Harria), so heißt auch der umliegende Naturpark (6.900 Hektar), durch den der schönste Wanderweg nicht auf das Gipfeltrio, sondern über Höhen und Täler führt – lohnende Ausblicke inklusive. Dazu braucht man Kondition und adäquates Schuhwerk. Das Infoschild am Ausgangspunkt besagt: 10,7 Kilometer, 3,5 Wanderstunden. Das klingt großzügig berechnet, ist aber realistisch. Immerhin müssen 400 Höhenmeter bewältigt werden. Unterwegs gibt es keine Möglichkeit zur Einkehr. Das ist der Preis der Einsamkeit. Wasser, Proviant und – je nach Wettervorhersage – Sonnen- oder Regenschutz sollte man also unbedingt mitbringen. Der Naturpark gilt als niederschlagsreich. Deswegen ist es hier so grün. Typisch sind kleine Pferdeherden, die umherstreifen und am Glockengebimmel leicht auszumachen sind.

Der Rundwanderweg trägt die Nummer PR-Gi 1012, ist im Uhrzeigersinn zu begehen und mit gelb-weißen Zeichen markiert. Das erste Wegstück führt zu überwucherten Festungsruinen aus dem 19. Jahrhundert. Dann geht es abwärts, mal über Wiesenfreigelände, mal durch den Wald. Farne und Stechginster säumen den Weg, außerdem Ilex und Brombeerhecken. Erfrischen kann man sich an einem kühlen Bergbach. Dann wird es irgendwann düster: in einer Abfolge an Tunneln, die im Zuge des Eisenerzabbaus Anfang des 20. Jahrhunderts durch den Fels getrieben wurden. Die Minen von Meazuri beschäftigten damals bis zu 145 Arbeiter. Stolperfallen gibt es in den Tunneln eigentlich nicht, doch zur Sicherheit hilft ein Handylicht.

Auf die Finsternis folgen Tageshelle und Ausblicke auf den Wasserfall Aitzondo und bis zur Küste. Das Finale der Wandertour ist ein längerer Aufstieg durch einen Wald.

Adresse 20301 Parque Natural Peñas de Aia, www.tourismus.euskadi.eus | Anfahrt südöstlich von Irun Auffahrt über die Landstraße GI-3454, etwa bei Streckenkilometer 11 links Hütte mit der Aufschrift »Lapurriturri«, Start des Rundwegs dort am Wanderparkplatz | Tipp Abseits der Wanderstrecken lohnt ein Besuch der Minen von Arditurri (www.arditurri.com).

65_Das Geisterdorf Ribera

Spuren der Vergangenheit

Einst wurde hier gelebt, geliebt, geschuftet, getrauert, gebetet. Ribera war ein abgeschiedenes Bergdorf, das sich nahe der Flussufer des Río Purón ausbreitete und zu Beginn des 20. Jahrhunderts 31 Häuser und 94 Einwohner zählte. In den 1940er Jahren sackte die Bevölkerung auf 60 ab, Ende der 1960er Jahre wurde der Ort aufgegeben. Geblieben sind Ruinen.

In Ribera hat sich die Natur Teile von dem, was ihr Menschenhände abrangen, zurückerobert. Gestrüpp bedeckt die Reste von Häusern. Stachlige Ranken klettern an Gemäuern hoch. Sträucher wuchern dazwischen. Erstaunlich gut erhalten hat sich im oberen Ortsteil die Kirche, die dem heiligen Erzmärtyrer Stefan (spanisch: San Esteban Protomártir) geweiht ist und bezeugt, wie lange hier Leben geherrscht hat. Die Ursprünge datieren aus dem 13. Jahrhundert, liest man auf einer ausgebleichten Infotafel. Ein steiniger Pfad führt hinauf zum Gotteshaus, wo sich neben dem Portal Kapitelle über die Zeiten gerettet haben. Man schaut auf einen schwer definierbaren Kopf mit Glupschaugen, auf Männer mit Schutzschilden vor ihren Körpern. Das Innere des Gotteshauses ist aus Sicherheitsgründen gesperrt. Verwaistes Kulturgut. Wann mag hier die letzte Messe gelesen worden sein?

Ribera liegt im Parque Natural Valderejo, einem 3.496 Hektar kleinen Naturpark etwa 60 Kilometer westlich von Vitoria, der auch für Kolonien von Gänsegeiern bekannt ist. Ob sich die Dörfler aus Ribera früher an den Ausblicken auf die mächtigen Kalksteinflanken erfreuten? Oder an der kleinen Schlucht des Flusses Purón (spanisch: Desfiladero del Río Purón), die etwa eine Viertelstunde Fußmarsch entfernt liegt? Die Schlucht ist heute das Hauptziel von Wanderern im Park, die im Ort Lalastra aufbrechen, wo sich das Besucherzentrum befindet. Die einfache Strecke bis zur Schlucht beträgt etwa 5,5 Kilometer. Einen Kilometer davor liegt das Geisterdorf Ribera.

Adresse Parque Natural Valderejo, Aufbruch zu Wanderungen ab 01427 Lalastra, www.valderejoparkea.eus | Anfahrt von Osten ab Vitoria über Salinas de Añana und San Millán de San Zadornil bis zum Parkplatz am Ortsrand von Lalastra, ab dort zu Fuß weiter, auch zum Besucherzentrum des Parks (Casa del Parque) | Öffnungszeiten Besucherzentrum Mo geschlossen | Tipp In Lalastra gibt es eine Dorfkneipe mit einfacher Zimmervermietung, das Mesón Valderejo (Tel. +34/945353085, www.valderejokoetxea.com).

66 Die Bootsbauwerkstatt

Alte Schiffe in neuem Glanz

Alles begann im Pasaia des 16. Jahrhunderts, als hier das Handelsschiff »Nao San Juan« gebaut wurde. Damit schafften es baskische Walfänger fortan bis nach Nordamerika, wo sie als erfahrene Seeleute in kleineren Booten Jagd auf Grönlandwale und Atlantische Nordkaper machten. Für die langen Überfahrten nutzte man die Strömungen. Der Hinweg ab Nordspanien war gewöhnlich 6.300 Kilometer lang, der Rückweg etwas kürzer, 5.500 Kilometer. Wichtig für die Verproviantierung der Mannschaft waren Schiffszwieback und Apfelwein, der als Vitamin-C-Quelle diente und Skorbut vorbeugte. Pro Tag und Mann kalkulierte man drei Liter Apfelwein ein.

Der »Nao San Juan« war ein relativ kurzes Leben beschieden. 1565 sank sie im Süden von Labrador in der Red Bay, Kanada. 1978 entdeckten sie Meeresarchäologen wieder. Und ab 2013 reifte die Idee, das Boot an seinem Ursprungsplatz, nämlich in Pasaia, originalgetreu nachzubauen – und zwar auf Basis der ausgeklügelten jahrhundertealten Techniken. So entstand im Ortsteil San Pedro direkt am Meeresarm die Bootsbauwerkstatt »Albaola La Factoría Marítima Vasca« (baskisch: Albaola Itsas Kultur Faktoria), wo die Arbeit voranschreitet. Die Replik soll 2027 fertiggestellt und zu Wasser gelassen werden. Dann soll es auf der historischen Route auf große Fahrt nach Kanada gehen. Bis dahin können Besucher das Schiff in der Werft als »Work in Progress«-Projekt bewundern.

Doch nicht nur das. Ein anderer Teil der Werkstatt erlaubt den Einblick in laufende Projekte der Bootsbauerschule. Diese besteht mittlerweile aus vier Lehrern und zwölf Schülerinnen und Schülern und ist international besetzt. In der Halle verfolgt man die Arbeiten, die ganz unterschiedlich sein können, inklusive Restaurierungen. Mal bekommt ein altes Schiff neuen Glanz und Schliff, mal entsteht ein neues Schiff nach alten Vorlagen. Angeschlossen ist zudem ein Museum.

Adresse Albaola La Factoría Marítima Vasca / Albaola Itsas Kultur Faktoria, 20110 Pasaia / Pasai San Pedro, www.albaola.org | Anfahrt Abzweig von der Landstraße GI-20 nach Pasai San Pedro, dann bis zu den Parkplätzen an der Hafenbucht, von dort zu Fuß weiter | Öffnungszeiten Di, So 10 – 14 Uhr, Mi – Sa 10 – 14 und 15 – 18 Uhr | Tipp Direkt an Albaola vorbei verläuft ein Spazierweg, dem man ein Stück weiter parallel zum Meeresarm folgen kann – schöne Aussichten. Dies ist gleichzeitig eine Strecke des Küstenjakobswegs, der sich über die Höhen bis nach San Sebastián fortsetzt.

67_Der Ortsteil Donibane

Wie ein Gedicht

Pasaia gibt es vierfach. Will heißen: Die um die Hafenbucht gelegene Gemeinde splittet sich in vier Distrikte. Die reizvollsten Seiten bewahrt der Ortsteil Donibane, der an den Ostbereich des Hafens stößt. Dieser wiederum wird geprägt durch den langen, geschützten Meeresarm. Der Gelehrte Wilhelm von Humboldt (1767–1835; siehe Ort 33) war von der Szenerie restlos begeistert. In seinem Buch »Die Vasken, oder Bemerkungen auf einer Reise durch Biscaya und das französische Basquenland im Frühling des Jahrs 1801« schwärmte er im Deutsch jener Jahre vom Küstenberg Jaizkibel aus kommend: »Wir lagerten uns hier auf einige Augenblicke; als wir aber im Schatten von der Ermüdung des Steigens sanft ausruhten, ahndeten wir nicht, dass wir nur um wenige Schritte von dem lieblichsten Flecke geschieden waren, den vielleicht an der ganzen Französischen und Spanischen Küste das Meer bespült. Wie gross war daher unsere Ueberraschung, als wir, da wir wieder aufgestanden waren, und an den Abhang des Berges kamen, erst die Gipfel von Schiffsmasten, dann eine neue Bucht, die mahlerischsten Felsgruppen und zwischen ihnen und dem Meer weiß schimmernde Häuser erblickten. Wir stürzten mit Ungeduld die kleinen Felsstufen, an deren Rande wir standen, hinunter, und befanden uns auf einmal in den Strassen von Pasages.«

Pasages, das ist in baskischer Schreibart Pasaia, das vor allem im genannten Teil Donibane seine Atmosphäre bewahrt hat. Man folgt der Hauptgasse Donibane, die wie ein Nadelöhr parallel zum Meeresarm verläuft. Malerisch sind die Bogendurchgänge, Bruchsteinfassaden und Details wie Blumenschmuck und ein Türklopfer in Handform. Eine Katze streunt umher. Möwen kreischen. Die Gasse mündet auf den Hauptplatz, wo man an Humboldts poetischen Enthusiasmus anknüpft. Die Ansicht der Häuser mit ihren Holzbalkonen in Hellgrün, Weiß, Braun und Himmelblau ist wie ein Gedicht.

Adresse 20110 Pasaia / Pasai Donibane, www.pasaia.eus, www.turismopasaia.com | Anfahrt von Südosten über die Landstraße GI-636, dann Abzweig auf die GI-2638 nach Lezo, letztes Stück auf der GI-3440 bis zum Parkplatz am Ortsbeginn von Pasaia (Ortsteil Donibane), Durchfahrt nur Anwohnern erlaubt | Tipp An die Gasse Donibane stößt ein historisches Haus (Nummer 63), in dem sich 1843 der französische Romancier Victor Hugo (1802–1885) einquartierte.

68 Die Traineras

Der Hafen als Trainingsgelände

Zuerst hört man Kommandos und Anfeuerungsrufe, begleitet von schwer definierbaren Wassergeräuschen. Dann folgen die Bilder zu den Tönen. Im weit verästelten Hafenbecken von Pasaia sind Traineras unterwegs. Hier haben sie ihr Trainingsgelände und bieten Zuschauern häufig eine gute Chance, die Einheiten von Land aus zu verfolgen. Das geht am besten in Pasaias Ortsteil Donibane und sollte man nicht versäumen.

Traineras sind schmale Langboote, die früher im Baskenland und der westlichen Nachbarregion Kantabrien auf dem offenen Meer beim Fischfang zum Einsatz kamen. Entweder ruderte man sie oder setzte kleine Segel. Dann veränderte sich die Nutzung, weg von der Arbeitshilfe und hin zum sportlichen Wettbewerbsgerät. Im 19. Jahrhundert kam die Idee des Kräftemessens in Ruderregatten auf. Diese Tradition hält bis heute an.

Rudern ist eine der härtesten Sportarten überhaupt und zusätzlicher Gegner der wilde Atlantik. Dazu braucht es Training und eingespielte Teams, die sich auf die Wettrennen vorbereiten, die an der baskischen Küste mehrheitlich von Juni bis September steigen.

Die alten Holzboote sind längst verschwunden und durch hochwertige Materialtypen ersetzt worden. Eine Trainera ist 200 Kilogramm schwer und 12 Meter lang. Die Besatzung besteht aus 13 Ruderern plus aufrecht stehendem Steuermann. Oder Steuerfrau. Auch das hat sich gewandelt. Frauenteams sind zur Normalität geworden, wie man im Hafenbecken von Pasaia beobachten kann. Begleitung bei den Trainingsfahrten gibt ein Motorboot, was gelegentlich ein Zodiac ist. Im Gegensatz zu den Rollsitzen eines Sportruderbootes sind die Sitze in den Traineras fest, was bedeutet: Hier spielen die Beine als Impulsgeber allenfalls eine untergeordnete Rolle. Alles läuft über Schultern und Arme. Natürlich müssen die Aktiven im Hafen von Pasaia auch die Augen offen halten – denn gelegentlich schiebt sich ein Frachter vorbei.

Adresse 20110 Pasaia / Pasai Donibane, www.pasaia.eus, www.turismopasaia.com | **Anfahrt** von Südosten über die Landstraße GI-636, dann Abzweig auf die GI-2638 nach Lezo, letztes Stück auf der GI-3440 bis zum Parkplatz am Ortsbeginn von Pasaia (Ortsteil Donibane), Durchfahrt nur Anwohnern erlaubt | **Tipp** Im Hafen von Pasaia kann man selbst aufs Boot umsatteln. Für kleines Geld geht es mit der Personenfähre vom Ortsteil Donibane hinüber nach San Pedro.

69__Der Traumstrand

Glasklares Wasser, Sand und Felsen

Warum in exotische Fernen schweifen, wenn das Gute liegt so nah? Die Playa de Laga ist ein echter Traumstrand, der – schönes Wetter vorausgesetzt – mit ein wenig Phantasie Anklänge an die Südsee oder Karibik aufwirft. Die Farbspiele im Wasser changieren zwischen Türkis und Dunkelblau. Na gut, was fehlt, sind Palmen. Ebenfalls nicht vorhanden ist Schatten. Da muss man den eigenen Sonnenschirm mitbringen. Bis auf das dahinter gelegene Restaurant gibt es keine Infrastruktur.

Der Strand liegt nordöstlich des Meeresarms von Mundaka und zählt noch zum Biosphärenreservat Urdaibai. Die Sandflächen machen sich auf knapp 600 Metern zwischen schroffen Felsmassiven breit. Spektakulär ist die östliche Abschirmung mit einem nackten Klippenrücken, der die Sicht auf das Kap Ogoño versperrt. Landeinwärts geht die Steilküste nahtlos in ein Bergland über, das Grünbeläge aus Wäldern trägt. Die Landstraße leitet nah heran zu den Parkplätzen hinter dem Strand, beeinträchtigt aber nicht die Ruhe. Zudem führen die großen Tourismusströme zum Glück nicht hierher. Und die nächsten Ortschaften liegen kilometerweit weg.

Würde man eine Hitliste baskischer Strände erstellen, stünde dieser hier unzweifelhaft in den Top Five. Oder zusammen mit der Muschelbucht von San Sebastián sogar an der Spitze. Doch das muss jeder für sich definieren.

Das Wasser ist glasklar, der Einstieg flach und ungefährlich. Und das, obwohl sich Laga ungeschützt dem Atlantik zuwendet. Baden, Sonnenbaden, Beach Walking, Surfen – alles ist möglich, sofern keine Seestürme toben. Die haben schon zum Rückgang des Dünengürtels geführt, wie eine Infotafel aufklärt. Natürlich gilt es, wie überall, die Gezeitentabelle zu beachten. Bei Flut bleibt im trockenen Sand aber genügend Platz. Jederzeit garantiert ist eine Abkühlung, auch im Hochsommer. Die maximale Wassertemperatur liegt allenfalls bei 21/22 Grad Celsius.

Adresse 48311 Playa de Laga | Anfahrt auf der Landstraße BI-3234 von Nordwesten, also der Seite des Meeresarms Mundaka | Tipp Direkt hinter dem Laga-Strand kann man im Restaurant Toki-Alai einkehren.

70__Der Strand an der Mündung

Sandband mit sanftem Einstieg

Der Meeresarm von Mundaka ist eine Klasse für sich. Ein Stück wilde Natur, wo sich die Bilder von Küstenhügeln und Wasser vereinen. Er zählt, wie im Kapitel zum Ort Mundaka (siehe Ort 56) erwähnt, zum Biosphärenreservat Urdaibai und dient dem Fluss Oka als Mündungstrichter. Der Strand von Laida (spanisch: Playa de Laida) stößt an die Ostseite des Meeresarms von Mundaka und ist mit einer Ausdehnung von einem Kilometer der längste weit und breit. Es kommt aber, wie in anderen Bereichen des Lebens, nicht nur auf die Größe an. Nimmt man den landeinwärts gelegenen Strandabschnitt, ist der Einstieg flach und ungefährlich und auch für Familien mit Kindern geeignet. Das könnte man fast mit einem Binnensee vergleichen. In Richtung Auslauf der Bucht hin, wo Surfer ihre Reviere finden und sich die Insel Izaro umso stärker ins Blickfeld schiebt, wird es rauer.

Natürlich muss man Glück bei der strandnahen Parkplatzsuche haben, denn die Möglichkeiten an der Randstraße, die von Süden aus Richtung Gernika heranführt, sind begrenzt. Aus einem anderen Blickwinkel betrachtet, hat dies selbst für die Hochsaison die Auswirkung, dass sich nirgendwo Sardinenbüchsen-Effekte einstellen können. Als Zugabe zum eigentlichen Strand dehnt sich ein schmaler Sandstreifen unterhalb der Straße aus. Hier kann man etwas entlangschlendern.

Der Strand verläuft sichelförmig und ragt weit hinaus in den Meeresarm. Da könnte man aus der Ferne fast glauben, man käme sogar von der Ost- auf die Westseite. Doch das ist eine Täuschung, denn in der Enge hat der Fluss Oka einen nicht unbeträchtlichen Zug drauf. Je weiter man sich auf den Fluss zu- und damit von den Parkplätzen wegbewegt, desto ursprünglicher wird es. Wer sich dort irgendwo niederlässt, fühlt sich tief im Einklang mit der Natur, spürt den Wind und die Sonne auf der Haut und einen Hauch von Freiheit.

Adresse 48311 Playa de Laida | Anfahrt Zugang zum Strand direkt an der Landstraße BI-3234 | Tipp Die Café-Bar Atxarre genießt eine Vorzugslage über dem Laida-Strand (Tel. +34/946276679, www.atxarre.net).

71__Das Restaurant Almazen

Schaukochen ohne Show

Beatriz Pascual kann richtig poetisch werden: »Kochen ist wie Musik, man muss alles gut komponieren.« Als Köchin ist Pascual eine Ideenfabrik. Es kommt so gut wie nie vor, dass sie in ihrem Restaurant Almazen das gleiche Menü auftischt. Entsprechend gibt es keine Speisekarte. Inspirationen schnappt sie überall auf, setzt auf regionale Produkte und Zulieferer, darunter aus zwei ökologischen Gärten. Pascual, Jahrgang 1977, stammt aus Bilbao und ist Autodidaktin. Schon ihre Großmutter habe gekocht, das liege in der Familie. Sie selbst hat reichlich Küchenerfahrung in Madrid und Cádiz gesammelt, auf Mallorca und sogar in Chile.

Bei Pascual zu tafeln, ist in mehrfacher Hinsicht etwas Besonderes. Da ist zum einen das Gebäude: ein historisches Salzlager, das mit Holzelementen und Bruchsteingemäuern in restauriertem Glanz erstrahlt. Da ist zum anderen die Sitzanordnung für maximal 15 Gäste. Sie lassen sich auf einer etwas bequemeren Art von Barhockern an einem Tresen nieder und blicken direkt in die gegenüberliegende Küche. Dort wirbelt Meisterin Pascual als Herrin über Töpfe und Pfannen und betreibt Schaukochen ohne Show. Der Direktkontakt zu den Gästen erlaubt es ihr, alles zu den Zutaten und zur Zubereitung zu erklären. Mit ihrem Englisch hapert es etwas, aber die kulinarische Sprache ist universell.

Das Konzept im Restaurant besagt: Es gibt ein festgelegtes Feinschmeckermenü zum Einheitspreis, Getränke zahlt man extra. Gewöhnlich tischt Pascual acht Gänge auf und stellt heraus: »Ich möchte nichts verschleiern.« Die Produkte setzt sie so authentisch wie möglich in Szene und wagt sich an ungewöhnliche Kreationen. Das kann ein Rote-Bete-Mousse mit Blumenkohlschaum und Mohnsamen sein. Frischer Kabeljau mit frittierten Spinatblättern. Ein Dessert aus Haselnüssen und Schokolade mit geriebenem Rotkohl. Exquisit und exklusiv – und unvergesslich. Gerade im Moment fällt der passionierten Köchin sicher etwas Neues ein …

Adresse Restaurante Almazen, Calle Real 57, 01426 Salinas de Añana, www.almazensalinas.com | Anfahrt ab Vitoria auf der Ausfallstraße südwestwärts, auf der Höhe von Nanclares de la Oca Abzweig auf die Landstraße A-2622 nach Salinas de Añana, Restaurant direkt an der Straße | Öffnungszeiten März – Ende Dez. Do – So ab 14.30 Uhr, Reservierung erforderlich unter Tel. +34/628175079 oder per E-Mail an reservas@almazensalinas.com | Tipp Das beste Mitbringsel aus Salinas de Añana ist – wie könnte es anders sein – Salz. Der Shop der Salinen ist bestens ausstaffiert, auch mit Kräuter- und Flüssigsalz.

72 Das weiße Gold

Aufwendige Abläufe im faszinierenden Salztal

»Schon vor 7.000 Jahren wurde hier Salz gewonnen«, versichert Führer Javi beim Rundgang durch das faszinierende Valle Salado, das Salztal, das sich gegenüber vom Ort Salinas de Añana erstreckt. Charakteristisch sind die balkengestützten Terrassen und Becken, die über kleine Holzkanäle gespeist werden. Die Verkrustungen an den Seiten gleichen Eisblumen, wie Besucher aus nächster Nähe sehen können. Unterwegs ist man bei Führungen auf einem Netz aus Holzstegen, Erdwegen und Treppen.

Das Salztal gilt als eines der ältesten Salzwerke der Welt. Javi taucht in die Erdgeschichte ab und erläutert, dass die Vorkommen aus einem Ozean stammen, der sich vor 200 Millionen Jahren ausbreitete und unterirdische Salzdepots hinterließ. »Heute ist das hier so etwas wie ein isoliertes Inselchen, aber 100 Kilometer vom Meer entfernt«, sagt er.

Das Salzwasser entspringt in Quellen. Der Salzgehalt, so Javi, betrage etwa 350 Gramm pro Liter, was ein zehnmal höheres Konzentrat als im Meer sei. Gewonnen wird das weiße Gold durch Verdunstung in einer Vielzahl von Becken. »Sonne und Wind sind dabei die wichtigsten Faktoren«, erklärt Javi. Die hell leuchtende Pracht im Salztal ist in den wärmeren Monaten zwischen Mai bis September am schönsten. Bis heute ist es eine Herausforderung, das geerntete Salz zu transportieren. Die Wege sind zu schmal für Maschinen, Tiere würden für Verunreinigungen sorgen. Da bleibt nichts anderes als Menschenkraft. Die Abläufe sind sehr aufwendig.

Die Geschichte der Salinen ist eine Geschichte von Aufstieg und Niedergang. Heute trägt das Salztal das Prädikat einer denkmalgeschützten Kulturlandschaft. Und Salz hat eine neue Wertschätzung erhalten. Feinschmecker und Spitzenrestaurants schwören vor allem auf die knusprige Salzblume, die jedes Gericht veredelt. Über den einstündigen Standardbesuch des Salztals hinaus gibt es zusätzlich eine Option mit Salzverkostung.

Adresse Valle Salado, Calle Real 32, 01426 Salinas de Añana, www.vallesalado.com | Anfahrt ab Vitoria auf der Ausfallstraße südwestwärts, auf der Höhe von Nanclares de la Oca Abzweig auf die Landstraße A-2622 nach Salinas de Añana | Öffnungszeiten Führungen ganzjährig zu verschiedenen Zeiten, Reservierung per Formular auf der Website, unter Tel. +34/945351111 oder per E-Mail an reservas@vallesalado.eus | Tipp Auf dem Gelände liegt der »Salz-Spa« (spanisch: Spa salino), wo man Hände und Füße in die Salzlauge tauchen kann. Das regt den Blutkreislauf an, versorgt die Haut mit Mineralien und tut gut bei Arthrose.

73 Das wilde Heiligtum

Der Sound von Wind und Wellen

Was für ein Anblick! Welch ein Thron über dem Golf von Biscaya, ein Stück südwestlich des Kaps Matitxako gelegen. Oft kocht rundherum die See, wüten die Wellen an den Klippen, fegen Stürme über die Küste. Doch der alten Seefahrerkapelle San Juan de Gaztelugatxe können Wind und Wetter nichts anhaben. Erhaben dominiert sie ganz oben eine Felseninsel, die sich mit Bögen und nackten Flanken weit hinausschiebt. Das Heiligtum ist Ziel von Wallfahrern, aber man braucht nicht gläubig zu sein, um sich in dieser wilden Umgebung von der Stimmung mitreißen zu lassen. Natürlich gibt es auch Anhänger der US-amerikanischen Fantasy-Fernsehserie »Game of Thrones«, die einmal diesen Drehort sehen wollen.

Die Insel ist mit dem Festland über eine Steinwallbrücke verbunden. Dahinter beginnen Rampenstücke und über 230 Stufen, die teils im Zickzack hinaufführen. Das braucht Zeit und Atem und geeignetes Schuhwerk. Das erhebliche Aufwärmprogramm hat man bereits auf dem Weg vom Parkplatz hinter sich gebracht. Dass das Heiligtum üblicherweise verschlossen ist – ganz egal. Stattdessen treibt das alte Pilgermotto »Der Weg ist das Ziel« voran.

Die Ursprünge der Kapelle verlieren sich im Mittelalter. Lokale Quellen bringen einen Vorläuferbau aus dem 9. Jahrhundert ins Spiel. Das Original ist längst verschwunden. Im Laufe der Zeit musste der Sakralbau, der auch eine wehrhafte Funktion hatte, mehrfach wiederaufgebaut werden. Gründe dafür waren Feuersbrünste, Plünderungen, Zerstörungen. Namensgeber ist der heilige Johannes der Täufer (spanisch: San Juan Bautista); die baskische Bezeichnung Gaztelugatxe könnte sich von »Gaztelu-aitz«, »Felsenschloss«, ableiten.

Hat man es endlich nach oben geschafft, kann man auf einem Steinbänkchen rasten. Oder man stellt sich ans Geländer und lässt sich den Seewind um die Nase wehen. San Juan de Gaztelugatxe ist einer der magischsten Plätze im Baskenland.

Adresse 48130 San Juan de Gaztelugatxe | Anfahrt ab dem Hafenstädtchen Bermeo nordwestwärts, dann Abzweig zu den Parkplätzen, von dort zu Fuß auf dem Zubringerweg; alternativ Anfahrt von Südwesten ab Bakio möglich | Öffnungszeiten Zugang auf die Felseninsel täglich 10–19 Uhr, freier Zugang in der Nebensaison, ansonsten kostenloses Ticket erforderlich, Reservierung unter www.tiketa.eus/gaztelugatxe | Tipp Für die Einkehr davor oder danach bietet sich der Küstenort Bakio an.

74 Die alte Tabakfabrik

Wandel zur Kulturadresse

Es muss nicht immer ein architektonisches Protzprojekt sein. Oder ein Abriss mit Neubau. Im Fall der historischen Tabakfabrik (spanisch: Fábrica de Tabacos, baskisch: Tabakalera) von San Sebastián hat das Gebäude eine Wiederauferstehung als Kulturzentrum gefeiert.

Der Blick in die Geschichte zeigt, dass die Produktion ab 1913 neun Jahrzehnte lang unter Dampf stand. Es war ursprünglich ein Staatsunternehmen, nahe der Flussufer des Urumea im Stil alter Manufakturen errichtet und um vier Innenhöfe angelegt. In Pracht und Größe konnte es der Betrieb jedoch nicht mit der Königlichen Tabakfabrik in Spaniens Süden, nämlich im andalusischen Sevilla, aufnehmen. Verbindendes Element war die Personalstruktur, denn die meisten Beschäftigten dort wie hier waren Frauen. Während der Goldenen 1920er Jahre, als die Produktion von Zigarren und Zigaretten mechanisiert wurde, schufteten in San Sebastián um die 1.000 Arbeiterinnen. Allerdings war keine »Carmen« unter ihnen wie in Sevilla – so der Titel der dort spielenden Erfolgsoper von Georges Bizet.

In den 1960er Jahren verlegte man den Schwerpunkt auf die reine Zigarettenproduktion mit 250 Millionen Schachteln pro Jahr. Damals spielten die Gedanken um gesundheitliche Schädigungen ebenso wenig eine Rolle wie Rücksichtnahme. In Bussen und Flugzeugen wurde munter gepafft, selbst Lehrer zündeten sich in Spanien im Unterricht Zigaretten an. Marken wie »Ducados« waren legendär und wurden auch in San Sebastián erzeugt. Nach Privatisierungsmaßnahmen ging es beim neuen Eigentümer bergab. 2003 schloss die Tabakfabrik ihre Tore.

Nach den Umbauten zwischen 2011 und 2015 wurde die »Tabakalera« auf die Höhe der Zeit gehoben und zu einem kulturellen Fixpunkt der Stadt. Das Angebot ist breit gefächert – ob Kino, Konzerte, Workshops oder Ausstellungen zeitgenössischer Kunst. Ach ja: In der alten Tabakfabrik herrscht natürlich Rauchverbot.

Adresse Tabakalera, Plaza de las Cigarreras 1, 20012 San Sebastián, www.tabakalera.eus | ÖPNV Busbahnhof unterirdisch gleich nebenan, ansonsten innerstädtisch nächste Bushaltestellen der Linien 9 und 42 | Öffnungszeiten Di–Do 10–21 Uhr, Fr, Sa 10–22 Uhr, So 10–21 Uhr, Infos zu Veranstaltungen auf der Website | Tipp Die nahen Flussufer des Urumea bieten sich für einen Promenadenbummel bis zur Mündung an.

75 Das beste Gesamtpanorama

Mit dem Bähnchen auf den Berg Igueldo

Allein das Vorspiel ist phantastisch und Grund genug für die ganze Bergunternehmung. Westlich der Muschelbucht liegt die Station der regelmäßig verkehrenden Standseilbahn, die Passagiere seit 1912 auf den Monte Igueldo (baskisch: Igeldo) befördert. Alternativ ist eine Auffahrt mit dem Auto möglich, was aber nicht annähernd den Charme des Bähnchens hat; überhaupt keinen Reiz hat das Ganze zu Fuß oder mit dem Rad. Der Berg ist 181 Meter hoch, ein massiges Bauwerk stellt der einstige Leuchtturm dar, dessen Ursprung im Jahr 1778 liegt.

Herrlich altmodisch geblieben sind das Stationsgebäude und die Holzkabinen der Standseilbahn mit ihren Sitzbänken. Man zuckelt steil, gemütlich und sicher hinauf und fühlt sich, wie es in den offiziellen Beschreibungen heißt, »in eine ferne Zeit versetzt, als die Benutzer ins Casino oder zum Tanzen in den Ballsaal gingen«. Zur Begrüßung wartet der kleine Vergnügungspark, der mit dem Karussell, der Achterbahn und einigen weiteren Fahrgeschäften auf Vintage-Stil setzt. Bei der Fahrt mit der Achterbahn, hier »Montaña Suiza« genannt, geht es moderat auf und ab, jedoch ohne Loopings. Trotzdem kommt auf einem Streckenabschnitt hoch über der Küste ein gewisser Nervenkitzel auf.

Hauptgrund für den Besuch des Monte Igueldo ist das beste Gesamtpanorama von San Sebastián. Von den Aussichtsspots aus liegt den Betrachtern die Muschelbucht als blauer Traum zu Füßen: die Strände, der Hafen, der Monte Urgull, die Altstadt, die ferneren Küstenbuckel, die Berge im Inland. Etwas überzogen ist, dass lokale Quellen diese Sicht manchmal als »schönsten Ausblick der Welt« rühmen. Da dürften viele Reisende anderer Meinung sein, ganz gleich, ob sie in den Alpen, auf Bora Bora oder in Machu Picchu gewesen sind. Ohne Übertreibung darf man jedoch von »einem der schönsten Ausblicke in Spanien« sprechen.

Adresse Monte Igueldo, 20008 San Sebastián, www.monteigueldo.es | ÖPNV nächste Bushaltestellen zur Talstation des Bähnchens der Linien 16 und 47 | Öffnungszeiten Zeiten für Zahnradbahn (spanisch: funicular), Vergnügungspark (spanisch: Parque de Atracciones) und Hauptaussichtspunkt (spanisch: Mirador) wechseln; aktuelle Infos auf der Website | Tipp Auf dem Berg kann man auch übernachten: im Hotel Mercure San Sebastián Monte Igueldo (Paseo del Faro 134, Tel. +34/943210211).

76 Don Quijote

Atlantikluft statt Windmühlen

»In einem Ort von La Mancha, an dessen Namen ich mich nicht erinnern will, lebte vor nicht langer Zeit ein Junker …« So beginnt das vielleicht berühmteste Buch, das jemals in Spanien verfasst wurde: »Don Quijote« des Nationaldichters Miguel de Cervantes (1547–1616). Der Landstrich La Mancha liegt zwar einige hundert Kilometer südlich von San Sebastián, doch Don Quijote ist auch hier zugegen: auf einem wunderbar ausdrucksstarken Skulpturendoppel im Südteil des Parque de Alderdi Eder, einer kleinen Grünanlage, die ihrerseits an die Promenade um die Muschelbucht stößt. Es lohnt sich, das Bildwerk intensiv zu betrachten. Im Hintergrund schimmert das Meer.

Don Quijote, der Ritter von der traurigen Gestalt, ist nicht allein unterwegs. Er sitzt aufrecht auf seinem hageren, klapprigen Gaul Rosinante, der den Kopf tief nach unten beugt und Mühe hat, sich voranzuschleppen. Etwas dahinter, in Abstand zu seinem Herrn, folgt der Schildknappe Sancho Panza auf einem Esel. Hoch erhoben hält Don Quijote seine Rechte himmelwärts ausgestreckt und in der linken Hand eine Lanze – bereit, den größten Gefahren zu begegnen. So wie bei seinem legendären Kampf gegen die Windmühlenflügel, die er für ungeheure Riesen hält und zur Schlacht herausfordern will, um ritterlichen Ruhm anzuhäufen. Das glückt leider nicht. Die Lanze verhakt sich in einem Windmühlenflügel und zerbricht. Der Ritter wird durch die Lüfte geschleudert und gibt sich der Lächerlichkeit preis. »Don Quijote« war eine messerscharfe Satire auf die Ritterromane jener Zeit.

Das Bronzedoppel ist von einer Metallabsperrung umzogen und steigt aus einer Art stilisierter Felslandschaft, wo Fische aus ihren Mäulern Wasser auf die Hufe spucken. Die Figuren schuf der spanische Bildhauer Lorenzo Coullaut-Valera (1876–1932) als Modell für das Cervantes-Monument auf der Plaza de España in Madrid.

Adresse Parque de Alderdi Eder, Plaza de Cervantes, 20003 San Sebastián, www.sansebastianturismoa.eus | ÖPNV nächste Bushaltestelle der Linie 16 | Tipp Eine schicke Traditionsadresse in der Nähe des Don Quijote – ob für die Übernachtung oder eine Einkehr in Bar und Restaurant – ist das Hotel de Londres y de Inglaterra in der Calle Zubieta 2 (Tel. +34/943440770, www.hlondres.com).

77_Die gestrandeten Felsen

Wie ein »Kursaal« aussehen kann

Darüber dürfte es eigentlich keine zwei Meinungen geben. Diese Klötze sind Fremdkörper. Unansehnlich. Monströs. Deplatziert. Aber natürlich existiert mehr als eine Meinung über das, was der nordspanische Architekt Rafael Moneo (Jahrgang 1937) an der Promenade hinter dem Strand Zurriola und neben die Flussmündung des Urumea zaubern ließ. Es ist eine Kombination aus Kongresspalast und Auditorium. Der Name: Kursaal. Ja, man liest richtig, es heißt tatsächlich Kursaal. So wie der typische Bautyp der Kurarchitektur des 19. Jahrhunderts. Man denke an Baden-Baden, Bad Cannstatt, Wiesbaden.

In San Sebastián befand sich an selber Stelle ursprünglich ein Casino-Gebäude im neoklassischen Stil, das schon Kursaal hieß. Wenige Jahre nach seiner Errichtung 1921 wurde das Glücksspiel verboten. Pech. Obgleich es ein Filmtheater, ein Restaurant und andere Säle gab, war das Casino das Herzstück. 1973 erfolgte der Abriss – und die Bewohner der Häuser dahinter erfreuten sich an einer freien Sicht. So lange, bis das Projekt eines neuen Kursaals reifte. Den internationalen Einladungswettbewerb der Stadt entschied Architekt Moneo für sich. Einweihung war 1999.

Moneo hob seinerzeit heraus, dass es sich nicht um eine gewöhnliche Parzelle handelte, sondern um ein »geografisches Unglück« in Form einer Küsten-Enklave. Um diese flächendeckend zu füllen, konzipierte er ein Doppel unregelmäßiger, lichtdurchlässiger Blöcke in der Art gestrandeter Felsen. Das große Auditorium fasst 1.806 Zuschauer, das kleinere 624. Die Fachwelt jubelte. Moneo wurde für sein Werk ausgezeichnet. Die breite Masse der Bevölkerung blieb weitestgehend sprachlos zurück. Mittlerweile haben sich die Bewohner daran zwangsgewöhnt oder irgendwie damit arrangiert. Immerhin ist der Kursaal der Schauplatz von Konzerten, Kongressen und Veranstaltungen der weltweit beachteten Filmfestspiele im September.

Adresse Centro Kursaal Elkargunea, Avenida de la Zurriola 1, 20002 San Sebastián, www.kursaal.eus | ÖPNV nächste Bushaltestellen der Linien 9 und 42 | Öffnungszeiten Informationen zu Veranstaltungen und zum Ticketkauf auf der Website | Tipp Zur Flussseite hin liegt direkt am Kursaal das Restaurant Muka (Tel. +34/943003162, www.muka.eus).

78_Der Hafen

Beschauliche Bilder und ein Aquarium

Herrlich in San Sebastián sind die Kontraste auf vergleichsweise engem Raum: die Muschelbucht, die Hügel, die Gastrokultur, der historische Kern. Hat man eben noch die Altstadtgassen durchstreift, landet man nun am nahen Hafen (spanisch: puerto). Aus der Vogelperspektive würde man genau sehen, dass der auf mehrere Becken verteilte Hafen in Dreiecksform angelegt ist. Zum Glück ist das hier kein Handelshafen, wo Frachter einlaufen, Container lagern oder Verladekräne aufragen – diese Rolle fällt ostwärts der Gemeinde Pasaia zu. In der Stadt ist nur Platz für Sport-, Fischer- und Ruderboote. Ein buntes, entspanntes Miteinander also, das sich bei einem Bummel erkunden lässt. Außerdem starten ab hier die Bootszubringer zur Insel Santa Clara in der Mitte der Muschelbucht.

Besonders malerisch sind die Ansichten zu den Ausläufern des Monte Urgull hin. Da reihen sich hinter der Hafenpromenade, dem Paseo del Muelle, Häuser auf, vor denen oben manchmal frisch gewaschene Wäsche weht und in deren unteren Stockwerken einige Restaurants verführerische Düfte verströmen. In die Häuserzeilen am Paseo del Muelle sind die Kapelle San Pedro Apóstol und das Baskische Meereskundemuseum (spanisch: Museo Marítimo Vasco, baskisch: Euskal Itsas Museoa) integriert, dessen Name aber deutlich spektakulärer klingt, als es der Inhalt ist.

Ein Stückchen weiter liegt das Aquarium, wo sich Haie, Rochen und tropische Fische tummeln. Das Übliche, mag man meinen. Ungewöhnlich dagegen ist das Angebot »Unter Fischen schlafen«. Da kann man im Familienverbund oder einer Kleingruppe auf dem Boden im Glastunnel des Aquariums übernachten. Am Abend bekommt man eine Einführung, am Morgen ein Frühstück. Weitere Verpflegung muss man selbst mitbringen, ebenso wie den Schlafsack. Der Preis für die Übernachtung entspricht allerdings der in einem Luxushotel.

Adresse 20003 San Sebastián, www.sansebastianturismoa.eus | ÖPNV nächste Bushaltestelle der Linie 16 | Öffnungszeiten Baskisches Meereskundemuseum: Di–Sa 10–14, So 11–14 Uhr, Eintritt frei; Aquarium: Juli, Aug. täglich 10–20 Uhr, Sept.–Juni 10–19/20 Uhr, Okt.–März Mo geschlossen, Infos unter www.aquariumss.com | Tipp Geht man neben dem Aquarium die Treppe hinauf, kommt man zu schönen Aussichtsspots über die Muschelbucht.

79_Der Hausberg

Monte Urgull, der östliche Wächter

Er ist der östliche Wächter der Muschelbucht, ein breit gezogener Buckel, durchsetzt von Wegen, maximal 123 Meter hoch: der Monte Urgull, San Sebastiáns Hausberg über dem Hafen und der Altstadt, wo der Aufstieg beginnt. Dieser hat keinen alpinen Schwierigkeitsgrad und bietet Schattenpassagen, ist aber trotzdem nicht mal eben aus den Fußgelenken zu schütteln. Die Wege verästeln sich, im Grün zwischen den Kiefern schimmert das Blau des Atlantiks durch. Immer wieder finden sich stille Winkel und Aussichtspunkte. Ältere Menschen würden angesichts der Küstenpanoramen von »Bilderbuchansichten« oder »Postkartenansichten« schwärmen, doch da Bilderbücher und Postkarten zunehmend in der Versenkung verschwinden, könnte man sich auf so etwas wie »Soziale-Medien-taugliche Traumansichten« verständigen.

Dem Monte Urgull kam von alters her strategische Bedeutung zu. Bereits im Mittelalter entstand eine Festung, um San Sebastián vor Feindesattacken zu bewahren, was nicht immer gelang. Im 18. und 19. Jahrhundert brachten die Franzosen die Stadt vorübergehend unter ihre Kontrolle.

Mauerreste, Torbögen, Fundamente und Bollwerke aus verschiedensten Epochen bezeugen die Geschichte und tragen Namen wie »Batería de las Damas« und »Baluarte del Mirador«. Über die Höhen zieht sich das Kastell La Mota. Dieses wiederum wird seit 1950 überragt von einer gewaltigen Skulptur des heiligen Herzens Jesu (spanisch: Sagrado Corazón), die symbolisch Schutz verheißt: Der zwölf Meter hohe Christus ist mit dem Segensgestus dargestellt.

Eine Station beim Weg hinauf oder hinunter ist der sogenannte »Engländerfriedhof« (spanisch: Cementerio de los Ingleses), wo mehrheitlich Gefallene aus dem Ersten Karlistenkrieg (1833–40) begraben liegen. Die Grabplatten sind teils verwittert. Warum musste man hier und andernorts auf der Welt Leben vergeuden? Der Wunsch nach Frieden begleitet auch auf dem Monte Urgull.

Adresse 20003 San Sebastián, www.sansebastianturismoa.eus | ÖPNV nächste Bushaltestelle der Linie 16 | Öffnungszeiten Mai–Sept. täglich 8–21 Uhr, Okt.–April täglich 8–19.30 Uhr | Tipp Zurückgekehrt in die Niederungen, bietet sich ein Bummel zur schönsten Altstadtkirche an, der Iglesia de Santa María. Hoch oben in der Barockfront erkennt man die Skulptur des Stadtpatrons Sebastian.

80 Die Insel

Ein Wechsel der Perspektive

Irgendwie unscheinbar und doch wie auf dem Präsentierteller liegt die unbewohnte Insel der heiligen Klara (spanisch: Isla de Santa Clara) inmitten der Muschelbucht. 5,6 Hektar nimmt sie ein und steigt 48 Meter hoch auf, gekrönt von einem Leuchtturm. Dort befand sich ab dem Spätmittelalter eine Einsiedelei namens Santa Clara, der 1597 eine besondere Rolle zufiel. Als in der Stadt die Pest grassierte, brachte man in dem Sakralbau dic Kranken unter. Später, so heißt es, wurden Ketzer, Exkommunizierte und Selbstmörder auf dem Eiland begraben, für die sich im geheiligten Boden des Festlands kein Platz fand.

Linienboote setzen Passagiere vom städtischen Hafen über und sorgen für einen Wechsel der Stimmung und Perspektive. San Sebastián aus dieser Warte kennenzulernen, das ist Neuland. Geübte Schwimmer verzichten auf die Anfahrt und schaffen den halben Kilometer vom Strand Ondarreta bis zur Insel auch so – stets wachsam den Bootsverkehr im Blick.

Die Mole ist im Sommer beliebt bei Wasserspringern. Strand und Naturpool sind winzig. Oberhalb des Bootsanlegers steigt ein Weg durchs Grün an bis zum Leuchtturm, der mitunter als Kunstraum fungiert und seit den 1960er Jahren automatisiert ist. Über eine Zeitspanne von etwa 100 Jahren hatten hier zuvor Leuchtturmwärter gewohnt. Unterwegs lässt sich ein Picknick im Schatten einlegen. Weite Teile der Insel sind mit ihrer dichten Vegetation, den Klippen und durchlöcherten Felsformationen, die Bienenwaben gleichen, unzugänglich.

Das Wildlife zeigt sich in Form einer endemischen Eidechsenart *(Podarcis hispanicus sebastiani)* und mehrerlei Möwenarten, darunter Mantelmöwen. Die Vögel sind an Menschen gewöhnt und teilen sich den begrenzten Raum, können aber zu Zeiten der Aufzucht des Nachwuchses aggressiv werden. Da sollte man dann besser auf Abstand gehen und nichts herausfordern. Wild ist wild – auch auf der Insel der heiligen Klara.

Adresse Isla de Santa Clara, 20003 San Sebastián, www.sansebastianturismoa.eus | ÖPNV Passagierboote von Motores de la Isla (Plaza Lasta, Caseta del Puerto, Tel. +34/943000450, http://motorasdelaisla.com), regelmäßiger Pendelverkehr | Tipp Während die »Rote Linie« (spanisch: Línea Roja) von Motores de la Isla die Insel direkt ansteuert und dafür zehn Minuten braucht, dreht die »Blaue Linie« (spanisch: Línea Azul) eine längere Runde durch die Muschelbucht – der Preis dafür ist etwas höher.

81 Das Luxushotel

Elegantes Ambiente auch für Hollywoodstars

Hinter den Ockertönen der Fassade und den Kachelbildern mit Vogelmotiven verbirgt sich ein Luxustempel par excellence: das Hotel María Cristina. Das 1912 eröffnete Haus steht als Sinnbild der alten Zeit, als San Sebastián zum Tummelbecken der Bourgeoisie und kosmopolitischen Pflaster aufstieg. Den Anfang hatte Spaniens Königsfamilie gemacht, die begann, ihre Sommer hier zu verbringen. Logisch, dass die Geldelite nachrückte und das Sehen-und-gesehen-Werden praktizierte. Das Hotel sowie die Flaniermeilen, Kaffeehäuser und Terrassen gaben den Rahmen ab.

Namensgeberin María Cristina (1858–1929) stammte aus Südmähren und war im deutschen Sprachraum als Maria Christina von Habsburg-Lothringen bekannt. Sie war die zweite Gemahlin von Spaniens König Alfons XII. (1857–1885). Nach dessen frühem Tod durch Tuberkulose stand María Cristina dem Land, getragen von Ratgebern, so lange als Regentin vor, bis der gemeinsame Sohn Alfons XIII. (1886–1941) im Jahr 1902 im Teenageralter das Heft in die Hand nahm.

Im Juli 1912 trat María Cristina als Erste über die Schwelle »ihres« Hotels. Fortan – und das gilt bis heute – fanden sich zahlreiche Prominente ein. Eine dahingehend neue Zeitrechnung begann 1953 mit den internationalen Filmfestspielen von San Sebastián, die immer im September stattfinden. Klar, dass das beste Haus die Stars aus Hollywood anzog. In einer Auflistung des Hotels stehen Namen wie Bette Davis, Elizabeth Taylor, Woody Allen, Susan Sarandon, Richard Gere, Brad Pitt und Julia Roberts.

Seit über einem Jahrhundert definiert das Hotel die Eleganz von San Sebastián und schließt sich selbst mit ein. Was im weitläufigen Entree mit Kronleuchtern, Bildern und bequemen Sofas beginnt, setzt sich in Zimmern und Suiten, im Restaurant und bei einem Cocktail in der Bar bis ins Detail fort. Da darf man höchste Maßstäbe anlegen – und muss gut bei Kasse sein.

Adresse Hotel María Cristina, Paseo República Argentina 4, 20004 San Sebastián, Tel. +34/943437600, www.marriott.com | ÖPNV nächste Bushaltestelle der Linie 16 | Tipp Historisch wertvoll ist das benachbarte, ebenfalls 1912 eröffnete Theater Victoria Eugenia (Paseo República Argentina 2, www.victoriaeugenia.eus).

82 Das Museum San Telmo

Nichtssagender Name, phantastischer Inhalt

Da hätten die Macher schon ein wenig mehr Phantasie an den Tag legen können, als das einstige Dominikanerkloster zu Füßen des Monte Urgull mit dem nüchternen Namen »Museum San Telmo« (baskisch: San Telmo Museoa) zu versehen. San Telmo war ein spanischer Priester und Dominikaner aus dem Mittelalter, aber das hilft nicht weiter. Die modernisierte Gebäudefront am Altstadtplatz Zuloaga stößt eher ab, als dass sie hineinlockt. Erst beim näheren Hinsehen wird klar, dass es sich um ein »Museum der baskischen Gesellschaft« handelt. Klingt schon besser, aber immer noch holprig und unpräzise. Um es kurz zu machen: Hinter dem nichtssagenden Namen verbirgt sich ein phantastischer Inhalt.

Das alte Kloster mit dem gut erhaltenen Kreuzgang spielt im Wesentlichen nur eine Nebenrolle. Die reiche Sammlung umfasst Themen wie Geschichte, Ethnografie und Schöne Künste. Die Spanne der Exponate reicht von reliefierten Grabstelen über Gerätschaften aus der Landwirtschaft und einheimischen Haushalten bis zu Gemälden von Meistern wie El Greco und Peter Paul Rubens. Da das Museum breit aufgestellt ist, werden auch das Frauenwahlrecht, die Bombenabwürfe auf die heilige baskische Stadt Gernika im Spanischen Bürgerkrieg, die Zeiten der Unterdrückung während der Franco-Diktatur und baskische Musik thematisiert.

Zugaben beim Museumsstreifzug sind die Wände der Klosterkirche, die mit Großgemälden des katalanischen Malers Josep Maria Sert (1874–1945) bedeckt sind und eine Gesamtfläche von 784 Quadratmetern einnehmen. Bei der Renovierung der Kirche 1929 kondensierte Sert in elf Szenen die Geschichte und das Wesen der Basken in ihrer hiesigen Provinz Gipuzkoa unter Titeln wie »Volk der Legenden«, »Volk der Freiheit«, »Volk der Fischer«, »Volk der Heiligen«. Die spärliche Beleuchtung intensiviert dieses außergewöhnliche Kunsterlebnis, vor allem von der Kirchenempore aus gesehen.

Adresse Plaza Zuloaga 1, 20003 San Sebastián, www.santelmomuseoa.eus | **ÖPNV** nächste Bushaltestellen der Linien 16 und 25 | **Öffnungszeiten** April–Okt. Di–So 10–20 Uhr, Nov.–März Di–So 10–19 Uhr, Di Eintritt frei | **Tipp** Unweit des Museums liegt die Kirche San Vicente aus dem 16. Jahrhundert, die als älteste der Stadt gilt.

83__Der Park mit Meerblick

Eine königliche Oase über der Muschelbucht

Wo ein royaler Ursprung nachwirkt, hat sich besonderer Glanz erhalten: im Park Miramar, in leicht erhöhter Lage über der Muschelbucht. Aufs Neue kommt die Regentin María Cristina (1858–1929) ins Spiel, die nach dem frühen Tod ihres Mannes Alfons XII. (1857–1885) den Aufstieg San Sebastiáns zu einer elitären Adresse beflügelte. Sie brach mit der Tradition, die Sommer in Spaniens Landesinnern auf den Königssitzen Aranjuez oder La Granja zu verbringen, und folgte dem ärztlichen Rat, für sich und den 1886 geborenen Thronfolger Alfons XIII. einen Platz mit einem kühleren, gesunden Seeklima aufzusuchen. Im August 1887 traf die junge Mutter und Witwe erstmals hier ein und kam im Palast Aiete unter. Rasch wuchs der Wunsch nach künftigen Sommeraufenthalten und einer eigenen Residenz, die den Namen Miramar bekommen und im englischen Landhausstil erbaut werden sollte. »Miramar« leitete sich von »mirar« (schauen) und »mar« (Meer) ab. Den Entwurf lieferte der englische Architekt Ralph Selden Wornum. 1893 war der Bau fertig, vorherrschend im Material Backstein. Zum Meer hin wand sich eine Bogenfront, flankiert von einem Turm. Über das Innere verteilte sich eine Reihe von Salons, um auch im Sommer Regierungsgeschäfte tätigen zu können.

Zum Palast gehörten die heute frei zugänglichen Gärten, zu denen ein kurzer Aufstieg von der Promenade um die Muschelbucht führt. Wunderschön sind die Blumenbeete und Ausblicke, gepflegt die Wiesenzonen und Ruhebänke. Hier findet man sich gern zu einer Rast ein, fotografiert und lässt die Stimmung wirken. Der Wind raschelt durch Stechpalmen. Oft ist das Blau des Atlantiks mit weißen Motorbooten und Jachten punktiert, die auf Reede liegen. Im Sommer halten sich dazwischen Stehpaddler aufrecht, tummeln sich Schwimmer in abgegrenzten Bereichen. Alles liegt hier wie auf dem Präsentierteller vor dem Betrachter. Der Park Miramar – welch königliche Oase!

Adresse Parque y Palacio de Miramar, Paseo de Miraconcha 48, 20007 San Sebastián, www.miramar.eus | ÖPNV nächste Bushaltestelle der Linie 24 | Öffnungszeiten im Sommer täglich 8–21 Uhr, sonst 8–19.30 Uhr; Zugang kostenlos | Tipp Für Fußgänger führt die Promenade an der Muschelbucht durch den Tunnel Loretopea, der künstlerisch ausgestaltet ist. Die Blautöne der Gewölbe gaukeln vor, man befände sich im Meer.

84 Der Platz mit den Nummern

Erinnerungen an eine blutige Tradition

Die Sonne hat es schwer in den Gassen der Altstadt, doch dann lichtet sich das Dunkel: auf der Plaza de la Constitución, die mittendrin steckt. Der Name bedeutet »Platz der Verfassung« und erinnert an Spaniens 1978 verabschiedetes »Grundgesetz«, mit dem nach den Dekaden der Franco-Diktatur und einigen Jahren des Übergangs eine neue Zeitrechnung begann.

Der Platz öffnet sich als elegantes Rechteck, ist gesäumt von Cafés, dem alten Rathaus und Arkaden. Über den Bögen breiten sich über drei Etagen lang gestreckte Balkone von Wohnungen aus, teils mit schönem Blumenschmuck. Symmetrisch dahinter liegen Balkontüren mit grauen Läden, umrahmt von gelben Anstrichen, die mit dem Weiß der Fassaden kontrastieren. Über jeder Tür prangt eine Nummer, ob 5, 53 oder 104. Da fragt man sich, was das bedeuten mag. Des Rätsels Lösung ist, dass die Balkone an eine blutige Tradition erinnern. Einst wurden sie als nummerierte Logen für Stierkämpfe vermietet. Dafür konnten sich auch Spaniens Nordlichter begeistern, auch wenn die Hochburgen bis heute im Süden in Andalusien und in Madrid liegen. Obgleich es die Mittelmeerregion Katalonien mit der Abschaffung der Stierkämpfe vorgemacht hat, ist andernorts die Lobby bislang zu groß, bewegt das Business der Stierzucht zu viele Gelder. Da kommen vereinzelte Proteste und Spaniens Tierschutzpartei nicht gegen an. Hoffnung macht, dass sich die nachwachsenden Generationen immer weniger mit dem identifizieren, was die Anhänger »Stierkampfkunst« nennen.

Stierkämpfe sind in Spanien seit dem Mittelalter dokumentiert, im 18. und 19. Jahrhundert kamen feste Regelwerke des Ablaufs und der Bau von Arenen auf. Bis dahin war es üblich, dass die ungleichen Gefechte zwischen Mensch und Tier auf öffentlichen Plätzen ausgetragen wurden. So wie in San Sebastián, einem Beispiel von vielen.

Adresse Plaza de la Constitución, 20003 San Sebastián, www.sansebastianturismoa.eus | ÖPNV nächste Bushaltestellen der Linien 16, 25, 28 | Tipp Der Platz dient oft als Bühne für Veranstaltungen, ob mit Flötenspielern (baskisch: Txistularis), volkstümlichen Tänzern (Dantzaris) oder beim Patronatsfest am 20. Januar.

85_Das Restaurant Arzak

Hochgenuss unter Sternen

Wie kann es sein, dass am Gastrohimmel über San Sebastián und der näheren Umgebung eine Vielzahl der begehrten Michelin-Sterne leuchten? Warum spielt die Gastrokultur hier solch eine Rolle und lockt Gourmets aus aller Welt an? »Wir Basken haben immer gut und gern gegessen«, versucht sich Sterneköchin Elena Arzak (Jahrgang 1969) an einem ersten vagen Erklärungsansatz. Doch die Geschichte ist weit komplexer. Mitte der 1970er Jahre, was mit dem Ende der Diktatur von Francisco Franco zusammenfiel, war Elenas Vater Juan Mari Arzak eine der treibenden Kräfte bei einer kulinarischen Revolution. Die Bewegung der »Neuen Baskischen Küche« setzte sich aus einem kleinen, ambitionierten Kreis zusammen. Hinter der Initiative stand kein Masterplan mit angestrebten Höhenflügen, sondern lediglich die Absicht, traditionelle Rezepte neu zu interpretieren, avantgardistisch anzureichern, sie auf breiterer Ebene schmackhaft zu machen. Und das glückte derart gut, dass die Fachwelt im Laufe der Zeit aufhorchte. Das war ein längerer Prozess, doch dann regnete es Sterne und weitere Preise. Mediale Lauffeuer steigerten den Bekanntheitsgrad.

Elena Arzak, eine 1,58-Meter-Küchenpowerfrau, hat den Gastro-Tempel von ihrem Vater übernommen und ist erfolgreich in seine Fußstapfen getreten. Hinter den Kulissen ist das Gewimmel in der Küche sagenhaft. Jeder legt sich ins Zeug, um am phantasiereichen Degustationsmenü zu feilen. Der Preis mag manche schwer schlucken lassen – aber dafür ist das Essen wirklich etwas Besonderes, weshalb man möglichst lange vorher reservieren sollte.

Für die Chefin ist der Tisch die Bühne, jeder Gang der Akt eines ausgeklügelten Stücks. Sie setzt auf Emotionen und Überraschungseffekte, um den Himmel auf Erden herbeizuzaubern. Es ist ein Spiel aus Aromen, Texturen, Geschmacksexplosionen, Kontrasten. Salzig und süß, knusprig versus weich. Es ist ein Fest für die Sinne, eine Hymne auf das Savoir-vivre.

Adresse Avenida Alcalde Elósegui 273, 20015 San Sebastián, www.arzak.es | Anfahrt an der Ausfallstraße ostwärts in Richtung Pasaia, hauseigener Parkplatz vorhanden | Öffnungszeiten Di–Sa Mittagessen 13.15–15.15 Uhr und Dinner 20.45–22.30 Uhr, Reservierungen unter Tel. +34/943278465 und +34/943285593; Betriebsferien gewöhnlich Mitte Juni–Anfang Juli sowie Nov. | Tipp Auch andere Spitzenrestaurants im Umland bringen auf den Geschmack, darunter Martín Berasategui in Lasarte-Oria (Loidi Kalea 4, Tel. +34/943366471, www.martinberasategui.com) und Mugaritz in Errenteria (Aldura Aldea 20, Tel. +34/943522455, www.mugaritz.com).

86 Der Surferstrand

340 gute Wellentage im Jahr

San Sebastián sonnt sich im Glanz einer beneidenswerten Lage, legt sich mit drei Küstenhügeln um zwei Buchten. Gern kehrt man den Chic und die Extravaganzen des alten Seebads nach außen, vor allem um die Hauptbucht, die Bahía de la Concha. Das ist an der kleineren Bucht, die sich zwischen der Flussmündung des Urumea und den Ausläufern des Hügels Ulía erstreckt, ein wenig anders. Hier geht es bodenständiger zu, wobei dieser Ausdruck schief ist. Denn gerade wenn man den Boden unter den Füßen verliert, wird es für viele spannend. Der Atlantik vor dem dortigen Strand Zurriola (spanisch: Playa de la Zurriola) steht unter Surfern hoch im Kurs.

Experten wie Surflehrer Oscar García zufolge gibt es vor dem Zurriola-Strand 340 gute Wellentage. Das bedeutet, dass ganzjährig Betrieb im Wasser herrscht – und zwar bei jedem Tidenhub. Mehrere Surfschulen bieten Kurse an. Gelegentlich werden Wettbewerbe ausgetragen.

Die Surferszene befeuert den Ruf der selbst ernannten »Sportstadt« San Sebastián und unterscheidet drei Reviere. Die »Zone Kursaal« liegt vor dem architektonischen Monstrum Kursaal (siehe Ort 77) und erhält Schutz durch den Wellenbrecher, der sich parallel zur Flussmündung weit hinausschiebt. Hier sind die Wellen gewöhnlich kleiner, aber wenn das Meer wütet, können sich beim Wellenbrecher gefährliche Strömungen bilden. Die »Mittelzone«, wo sich die Wogen etwas sanfter brechen, eignet sich für Anfänger. Die »Zone Monpás« liegt am nächsten zum Hügel Ulía und lockt erfahrenere Surfer an. Hier muss man stets auf der Hut vor Strömungen sein, die sich um die Felsen bilden.

Wer an Land im Trockenen bleiben will, kann an der Promenade des Zurriola-Strands herrlich flanieren. Lässt man sich irgendwo nieder, kann man den Ritten der Surfer in den Wellen zusehen. Das wirkt beruhigend und spannend zugleich – und ist kostenloses Kino, wie auf einer Großleinwand.

Adresse Playa de la Zurriola, 20002 San Sebastián, www.sansebastianturismoa.eus | **ÖPNV** nächste Bushaltestellen der Linien 16 und 17 | **Anfahrt** ab San Sebastián Autobahn AP-8 westwärts nach Bilbao und östlich an die Grenze nach Irun | **Tipp** Zu den Surfschulen zählen Pukas Surf (Tel. +34/943320068, https://eskola.pukassurf.com) und Bera Bera Surf (Tel. +34/662967276, www.beraberasurf.com).

87 Der »Windkamm«

Wo Skulpturen aus dem Fels wachsen

Passen sie hierher oder nicht? Sind sie eine Verschandelung der Natur oder eine künstlerische Aufwertung? Diese Fragen stellen sich am Westende der Muschelbucht von San Sebastián und zu Füßen des Küstenbergs Igueldo, wo die Promenade um die Bucht endet und die Skulpturenreihe »Windkamm« (spanisch: Peine del Viento) als Wahrzeichen hervorsticht. Schöpfer war der baskische Bildhauer Eduardo Chillida (1924–2002), den man im nahen Hernani im Museum Chillida-Leku (siehe Ort 42) eingehender kennenlernen kann.

Beim »Windkamm« arbeitete Chillida einmal mehr mit seinem Lieblingsmaterial Metall. Hier ließ er es aus den Felsen herauswachsen und die dynamisch geschwungenen, neun Tonnen schweren Stahlskulpturen im Stein verankern. Auf diese Art »kämmen« sie Wind und Wogen, können sie aber nicht zügeln. Vergleichen könnte man sie mit Greifarmen oder Klammern. An stürmischen Tagen wüten die Naturgewalten ungebremst. Dann tanzen die Wellen durch den »Windkamm«, wobei der Plural »Windkämme« besser passen würde. Das Werk versteht sich zu wehren, hält unbeugsam stand, ist durch nichts zu spalten. Eine interessante Symbolik. Herrscht hingegen Windstille, plätschert der Atlantik kaum merklich vor sich hin. Dann changieren die Töne zwischen Türkis und Dunkelblau.

Chillidas »Windkamm« fand 1977 unter Mitarbeit des baskischen Architekten Luis Peña Ganchegui (1926–2009) seinen vorbestimmten Platz. Zwei Jahre zuvor hatte in Spanien die leidige Franco-Diktatur geendet. Nun schickte sich das Land an, zu neuen Ufern aufzubrechen. Mittlerweile haben die Kämme rostbraune Spuren auf den Felsen hinterlassen, die sie umgeben. Das wirkt nicht besonders ästhetisch, ist aber als Zeichen des unaufhaltsamen Zugs der Zeit interpretierbar. Wer mag, lässt sich über dem Meer auf einer Mauer nieder und Chillidas Verbindung von Kunst und Natur in Ruhe in sich hineinfließen.

Adresse Peine del Viento, 20008 San Sebastián, www.sansebastianturismoa.eus | ÖPNV nächste Bushaltestellen der Linien 33 und 35 | Tipp Eine empfehlenswerte Location für eine Einkehr in der Nähe ist das Restaurant Ñam Peine del Viento (Paseo Eduardo Chillida 13, www.namrestaurantes.com).

88__Das Restaurant »Arrea!«

Sterneküche mit Ausrufungszeichen

»Arrea!«, der baskische Name des Restaurants, erklärt Edorta Lamo, bedeutet so viel wie »Auf geht's, vorwärts!« Das entspricht dem Leben und Leitbild des Küchenchefs, dessen Großeltern hier in Santa Cruz de Campezo einst eine Dorfbar führten. »Da half ich mit«, erinnert sich Lamo, Jahrgang 1979. Später studierte er am Vorläufer des »Basque Culinary Center« in der baskischen Heimat, ging als Kochgehilfe in die USA nach Newark, kehrte zurück nach Spanien, war in Granada und Vitoria tätig und eröffnete letztlich in San Sebastián sein erstes eigenes Restaurant – doch dem bereitete die Coronapandemie ein Ende.

Zum Glück hatte er sich in San Sebastián bereits einen Namen gemacht, denn sein Herzensprojekt in seinem Heimatort Santa Cruz de Campezo stieß auf Unverständnis, vor allem bei potenziellen Geldgebern. Wem konnte es nur in den Sinn kommen, ein anspruchsvolles Restaurant in den Tiefen einer dünn besiedelten Provinz eröffnen zu wollen? Lamo ließ sich nicht beirren und glaubte an sich selbst, seine Fähigkeiten, die Finessen der Landküche. Lohn der Mühen ist mittlerweile die begehrte Sterneauszeichnung. Nun ist er, einzig überboten von einem Holzhandel, der zweitwichtigste Arbeitgeber in dem 700-Einwohner-Ort.

Bei den Kreationen in seinem Restaurant setzt Lamo auf lokale, saisonal variierende Produkte wie Wild, Gemüse, Trüffeln, Pilze. Damit will er gastronomisch auch seine Vorfahren ehren, »die viel zu sagen hatten«, wie er unterstreicht. Produzenten aus der Umgebung beliefern ihn mit Käse, Früchten, Rebhühnern, Forellen, Wildtauben und Wein.

Die Speisekarte wechselt häufig und ist kaum vorhersehbar. Da gibt es auch mal Weiße Bohnen mit besonderen Finessen. Immer wieder fällt Lamo Neues ein, was seine Kunden zu schätzen wissen. Dieses Gastro-Erlebnis abseits eingefahrener Routen ist stets für Überraschungen gut und jeden Umweg wert.

Adresse Calle Subida al Frontón 46, 01110 Santa Cruz de Campezo (baskisch: Kanpezu), Tel. +34/689740370, www.arrea.eus | **Anfahrt** südöstlich der baskischen Hauptstadt Vitoria auf der Landstraße A-132 nach Santa Cruz de Campezo, Restaurant mitten im Ort | **Öffnungszeiten** Mi, Do 13–15 Uhr, Fr 13–15 und 20–23.30 Uhr, Sa 13–16 und 20–23.30 Uhr, So 13–16 Uhr | **Tipp** Eine Alternative zu dem auch preislich hochklassigen Menü »Arrea!« ist mittwochs bis sonntags jeweils mittags das deutlich günstigere Menü »Mendialdea«.

89_Ein Dorfspaziergang

Unter Blumen, Disteln und Löwen

Aus der Vogel- oder Drohnenperspektive bildet der historische Kern von Segura ein Oval, überragt vom markanten Turm der Kirche. Der Parkplatz am Ortsrand ist Startpunkt für einen Bummel durch die stillen, gepflegten Gassen, die mit ihrem Blumenschmuck in den Bann ziehen. Manche Balkone sind regelrecht mit Blumentöpfen und -gehängen übersät. Spröde und ein wenig befremdlich wirken dagegen die getrockneten Disteln an den Türen. Dahinter steht die Bedeutung des gelebten Aberglaubens. Die Disteln dienen dazu, dass Hexen, Zauberer und böse Geister nicht die Schwelle passieren. Das Stachelkleid soll abschrecken und vor ihnen schützen.

In den Gassen mischen sich Fachwerk und Laternen ins Bild. Einer der schönsten Ortspaläste, der barocke Palacio Lardizabal vom Ende des 17. Jahrhunderts, beherbergt das Rathaus. Der Namensgeber, Francisco Lardizabal, wurde durch die Geschäfte mit Eisen reich. Das Gebäude trägt ein von Löwen getragenes Steinwappen. Hinter dem Rathaus schließt sich ein kleiner Park mit einer Araukarie an. Beachtung verdient ein weiteres Barockpalais, der Palacio Balenzegi. Dort darf das stolze Wappen ebenso wenig fehlen, gekrönt wird es von einem Ritterhelm.

Kunstvoll gestaltet ist auch das Hauptportal der Kirche Mariä Himmelfahrt. Unter dem Bogen schweben zwei Engel über Maria und warten darauf, ihr die Krone aufzusetzen. Rund um die Kirche ist in der »Semana Santa«, der Karwoche, besonders viel los, der ganze Ort ist dann auf den Beinen. Die Prozessionen an Gründonnerstag und Karfreitag zählen zu den bekanntesten im Baskenland.

Am Zerain-Tor schwenkt man zurück von christlicher zu weltlicher Bauweise, es ist eines von einst fünf Stadtmauertoren. Ein naher Ziehbrunnen verströmt Idylle. Abermals betört die Blumenzier. Was dagegen mit sämtlichen Bildern bricht und überhaupt nicht passt, sind Schilder mit dem Hinweis auf die Videoüberwachung des Verkehrs.

Adresse 20214 Segura | Anfahrt von der Autobahn A-1 Abzweig südlich von Beasain, weiter auf der Landstraße GI-2637 nach Segura | Tipp Zur Quartiernahme und Einkehr bietet sich das Hotel Imaz in der Kale Nagusia 27 an (Tel. +34/943801025, www.hotelimaz.com).

90 Der Käsemacher

Herr über 140 Latxa-Schafe

In seiner Familie lasse sich die hausgemachte Käseproduktion mindestens seit acht Generationen zurückverfolgen, erzählt Käsemacher Eneko Goiburu Murua. Auf seinem Hof Ondarre am Ortsrand von Segura ist er Herr über 140 Schafe, was er als »wenig« einstuft. Opa Santiago habe eine Herde von 500 Stück gehabt und mit seiner Familie Monate in den Bergen in einer Hütte verbracht, von Mai bis Oktober. Das sei nicht sein Ding. Und Käsemacher habe er auch nicht werden wollen, obgleich er schon als Kind mitgeholfen habe. Eigentlich war Goiburu Murua Beschäftigungstherapeut, doch dann bot sich die Gelegenheit, den Hof von seinen Eltern zu übernehmen.

Die Tiere sind die für das Baskenland typischen Latxa-Schafe. »Die halten es gut draußen aus, die sind widerstandsfähig«, sagt Goiburu Murua. Die Rohmilch verarbeitet er zum Idiazabal-Käse, der eine geschützte Herkunftsbezeichnung trägt. Wenn er Zeit hat und es sich ergibt, zeigt er Besuchern die Käserei, die sich auf einen Raum beschränkt. Dann gibt es noch den Kühlraum, die Ställe, in denen ein animalischer Geruch in der Luft hängt, und die Räucherkammer, wo ein Vorgang sechs bis sieben Stunden dauert. Eichen-, Buchen- oder Apfelbaumholz geben besondere Geschmacksnoten.

Goiburu Murua folgt dem Jahresrhythmus der Schafe, ihren Paarungs- und Geburtszeiten. Ende Dezember bis Anfang Juni sind die Monate der Käseproduktion. Dann schafft er am Tag 20 Laibe à 1,3 Kilogramm. Im Ort Ordizia hat er schon den höchsten baskischen Käsewettbewerb gewonnen, quasi die Champions League. Da geht es um Aromen und Textur, bewertet von einer Jury.

Der Direktverkauf auf dem Hof floriert, sofern die Vorräte nicht erschöpft sind. Das ist spätestens im Februar der Fall. Will jemand probieren, kostet Goiburu Murua immer mit, weil er Käse liebt, und gibt zu verstehen, dass man das Äußere mitisst: »Das ist keine Rinde, sondern erhärtete Milch.«

Adresse Ondarre baserria, 20214 Segura, Tel. +34/943801664 und +34/689192508 | Anfahrt von der Autobahn A-1 Abzweig südlich von Beasain, weiter auf der Landstraße GI-2637 nach Segura, Hof direkt an der Straße am Ortsrand | Öffnungszeiten keine festen Zeiten, einfach hinfahren | Tipp Auf dem Hof vermietet der Käsemacher zudem sechs Zimmer und zwei Apartments.

91 Das Chuletón

In der »Sixtinischen Kapelle« des Megasteaks

Veganer und Vegetarier dürfen vorblättern. Denn hier geht es um Fleisch. Grillfleisch. Genauer: um das Chuletón (baskisch: Txuleton), das im Baskenland verbreitete T-Bone-Steak im XL-Format. Kaum jemand versteht sich so sehr auf dessen Zubereitung wie das Restaurant-Team der Casa Julián in Tolosa. Wer es nicht weiß, läuft am unscheinbaren Eingang des Gastro-Tempels glatt vorbei. Gleich dahinter befindet sich in Vitrinen der Kühlbereich, wo das Rohmaterial an Haken hängt. Ein Stück weiter im rustikalen Interieur knistert es über den Kohlen auf den Rosts.

Restaurantchef Xabier Gorrotxategi übernahm das Business von seinem Vater Matías, doch Gründer war in den 1950er Jahren Julián Rivas, ein Freund seines Vaters, dem er seinerseits das blühende Geschäft anbot. »Mit Hilfe von Chirurgen zog Julián die Schnitte durchs Fleisch«, blickt Gorrotxategi auf anfängliche Experimente zurück. Dabei stellten sie fest, dass sich Kuh und Ochse deutlich besser für den Grill eigneten als Kalbfleisch.

Ein Chuletón reift, so Gorrotxategi, im Schnitt 25 bis 27 Tage bei 75 Prozent Luftfeuchtigkeit und Temperaturen zwischen 0 und 3 Grad Celsius. Die Viehzucht im Baskenland wirft jedoch nicht genug ab, um die einheimische Nachfrage zu decken. Deshalb werden die Megasteaks mehrheitlich importiert, etwa aus Deutschland, Dänemark oder den Niederlanden. Dort seien entsprechende Mengen vorhanden, sagt Gorrotxategi, für den ein Tag ohne Fleisch kein richtiger Tag ist.

In der Casa Julián bekommt das Chuletón gleich zu Beginn eine Schicht groben Salzes verpasst. Was nicht absorbiert wird, kratzen die Grillprofis am Ende herunter, bevor es serviert wird. Wichtig ist überdies eine leichte Schräge des Grillrosts, damit das Fett nicht direkt ins Feuer tropft. Der baskische Bildhauer Jorge Oteiza (1908–2003) rühmte das Restaurant einst als »Sixtinische Kapelle des Chuletón«.

Adresse Restaurante Casa Julián, Calle de Santa Klara 6, 20400 Tolosa, Tel. +34/943671417, www.casajulianmg.com | Anfahrt von Nordosten aus Lasarte-Oria (San Sebastián) auf der A-1 nach Tolosa, Restaurant direkt am Fluss | Öffnungszeiten Das Restaurant öffnet Di, Mi, Do und So 13–15.15 Uhr sowie Fr und Sa 13–15.15 und 20.30–22.30 Uhr; die genannten Zeiten beziehen sich auf Bestellungen, tafeln kann man länger. | Tipp Für den Verdauungsspaziergang bieten sich die nahen Flussufer des Río Oria an.

92 Das knallharte Spiel

Der Nationalsport Pelota zum Zuschauen

Fußball steht – wie in ganz Spanien – auch im Baskenland bei den Aktiven an der Spitze. Der baskische Nationalsport heißt hingegen Pelota, ein Rückschlagspiel mit einem knallharten Ball. Pelota wird in einer lang gestreckten Halle namens Frontón oder auf einem Freiluftfeld gespielt, entweder im Einzel oder im Doppel, entweder auf Amateur- oder auf Profibasis. Es gibt verschiedene Spielarten, darunter »Pala« (mit einem Holzschläger) und »Cesta punta«, eine besonders schnelle und technisch anspruchsvolle Disziplin. Dabei bindet man sich eine bananenförmige Wurf- und Fangröhre an die Schlaghand. Der Helm gehört zum Equipment, denn die Bälle sind rasend schnell. Der aktuelle Weltrekord liegt bei 313 Stundenkilometern.

Am liebsten spielen die Basken Pelota jedoch mit der blanken Hand. Was genauso schmerzhaft ist, wie es sich anhört. Bei den Erwachsenen wiegt ein Ball über 100 Gramm. Pflaster, Tapes oder ein Innenhandschutz helfen nur bedingt. Doch ein echter Baske zeigt keinen Schmerz. Pelota ist traditionell eine Männer-Domäne. Mädchen und Frauen sind absolute Ausnahmeerscheinungen.

Der Frontón von Tolosa liegt mitten in der Innenstadt und ist ein Schmuckstück. Die Spielwände sind grün und die Aus-Zonen blau markiert, der Boden ist dunkel. Hier bietet sich Gelegenheit, Pelota-Akteuren, darunter auch Kindern und Jugendlichen, von der Tribüne aus kostenlos beim Training zuzusehen. Die besten Chancen dazu bestehen montags bis donnerstags jeweils am Nachmittag. Freitagabends und an den Wochenenden sind manchmal die Matches der Profis angesetzt. Das kostet dann Eintritt.

Typisch für eine Halle wie diese sind die Geräusche beim Spiel. Die Pelotabälle krachen regelrecht gegen die Stirn- und die Seitenwand und auf den Boden. Wer auf den Tribünen sitzt, muss zum Glück nicht in Deckung gehen. Diese Seite ist zum Spielfeld hin flächendeckend mit einem Netz geschützt.

Adresse Frontón de Tolosa, Paseo de San Francisco 4, 20400 Tolosa | **Anfahrt** von Nordosten aus Lasarte-Oria (San Sebastián) auf der A-1 nach Tolosa, Halle im Ort | **Tipp** Dem Frontón ist eine Mischung aus Restaurant und Bar angeschlossen, jederzeit ein beliebter Treff der Locals. In einem Eck kann man durch ein großes Fenster in die Halle schauen (www.frontontolosa.com).

93__Die Luxuskarossen

Eines der besten Automuseen der Welt

Tiefes baskisches Hinterland. Wiesen, Wälder, Weiden. Dörfer. Einsame Landgüter. Schmale, kurvige Sträßchen, auf denen sich nur schwerlich zwei Autos aneinander vorbeizwängen können. Hinterwälderisch fühlt man sich hier. Und dann das: eines der besten Automuseen der Welt, das man in dieser Umgebung gewiss nicht verorten würde. Den Rahmen liefert eine Festungsanlage aus dem Spätmittelalter, Torre Loizaga, die vormals in Ruinen lag und Wiederauferstehung feierte. Dahinter stand der Unternehmer Miguel de la Vía und dessen Familie, die durch Steinbrüche buchstäblich steinreich geworden waren. De la Vía pflegte überdies eine Leidenschaft: Er sammelte historische Automobile, vor allem der Marke Rolls-Royce. So entstand das hiesige »Museum der klassischen und altertümlichen Autos« (spanisch: Museo de coches clásicos y antiguos).

In mehreren Pavillons und einem Teil des Burgbereiches warten Luxuskarossen auf ihre Entdeckung. Es ist ein Spaziergang durch die Entwicklung der Automobile und deren Designs, ein Schaulaufen der vierrädrigen Statussymbole und deren Extravaganzen. Da dürfte nicht nur das Herz von eingefleischten Autofans höherschlagen. Zu den Prunkstücken zählen Oldtimer wie ein Peugeot aus dem Jahr 1903 und ein Ford-T anno 1911. Jedes Fahrzeug hat seine Geschichte. Das älteste Stück der Kollektion, ein in den USA produzierter Allen Runabout von 1898, befand sich vormals im Besitz des britischen Rennfahrers Stirling Moss. Allerdings hätte der legendäre Formel-1-Pilot damit keinen Geschwindigkeitsrausch erlebt. Der Allen Runabout, ausgestattet mit einem Zylinder, schaffte ein Höchsttempo von 20 Stundenkilometern. Natürlich gibt es auch eine Vielzahl an Rolls-Royce-Modellen quer durch die Epochen zu sehen.

Jedes Edelstück ist sorgsam beschriftet, auf Hochglanz poliert und unter Lichtern trefflich in Szene gesetzt. Welch phantastische Flotte!

Adresse Torre Loizaga / Museo de Coches clásicos y antiguos, Barrio Concejuelo, 48191 Galdames, Tel. +34/672248759, www.torreloizaga.com | Anfahrt 30 Kilometer westlich von Bilbao, am besten auf der Landstraße BI-636 nach Güeñes, von dort weiter in nordwestlicher Richtung | Öffnungszeiten So und Feiertage 10–15 Uhr, sonst nur Gruppenbesuche auf Anfrage | Tipp Nahe der Zufahrt zum Museum liegt ein weiteres historisches Gebäude: die Einsiedelei des heiligen Jakobus (spanisch: Ermita de Santiago). Die Besichtigung ist gewöhnlich nur von außen möglich.

94 Die Bar Deportivo Alavés

Fußballkneipe mit »Beflecktem Omelette«

Zugegeben, das hier ist kein Gastro-Tempel erster Güte. Die Bar Deportivo Alavés mag nicht einmal an die zweite Güte oder ans Prädikat für Gemütlichkeit heranreichen. Doch es gibt Dinge, die man ihr nicht absprechen kann. Sie ist ein typischer zentraler, lauter und preislich bodenständiger Treffpunkt der Locals. Es gibt zwei Eingänge, einen vorne, einen hinten, sogar mit angegliedertem Terrassenbereich. Der Service ist rustikal, engagiert und von Herzen freundlich. Außerdem geht es transparent zu. Über den Tresen hinweg hat man Pfannen, Töpfe, Tellerstapel, die Wurstschneidemaschine, das Gewürzsortiment und den Backofen im Blick.

Stolz trägt die Kneipe den Namen des städtischen Fußballclubs, erfahrungsgemäß eine Fahrstuhlmannschaft zwischen der ersten und zweiten spanischen Liga. Mal wird der nächste Aufstieg von Deportivo Alavés gefeiert, mal der nächste Abstieg beweint. Die Farben des 1921 gegründeten Vereins sind Blau und Weiß. Heimstatt ist das außerhalb gelegene Stadion Mendizorrotza, das knapp 20.000 Zuschauer fasst. Viele Gewächse auf dem Rasen stammen aus der eigenen Nachwuchsarbeit, was den Bezug zu den Anhängern stärkt.

Der bislang größte Erfolg war in der Saison 2001 der Einzug ins Finale des damaligen UEFA-Cups. Das Match gegen den FC Liverpool ging mit 4:5 knapp verloren. Gleichwohl steht der Verein aus Vitoria im Schatten von Bilbao und San Sebastián.

Die Bar Deportivo Alavés auf eine Fußballkneipe zu reduzieren, wäre ungerecht. Denn im Herzen der Stadt trifft man sich jederzeit gern auf einen Drink oder bestellt eine kleine Mahlzeit. Klassiker ist das »Befleckte Omelette« (spanisch: Tortilla manchada). Dieses kommt in Begleitung eines Stücks Chorizo daher, einer Paprika-Knoblauch-Wurst, und wird »befleckt«, also mit dem in der Pfanne ausgelassenen Fett der Chorizo übergossen. Dazu etwas Baguette – lecker. Ein Sattmacher.

Adresse Plaza de la Virgen Blanca 1, 01001 Vitoria, Tel. +34/945233911 | ÖPNV mitten in der Stadt, wo man zu Fuß unterwegs ist | Öffnungszeiten Mo–Fr 9–15.30 und 18–23/24 Uhr, Sa 9–1 Uhr, So 9–23 Uhr | Tipp Ein kurzer Spaziergang durch die Fußgängerzone führt zur Plaza de los Fueros, mit Open-air-Tribünen gelegentlich Ort von Kulturveranstaltungen. Der Name »Fueros« bedeutet »Sonderrechte«, der Platz war ein Gemeinschaftswerk des Architekten Luis Peña Ganchegui (1926–2009) und des Bildhauers Eduardo Chillida (1924–2002).

95 Der baskische Landsport

Steine stemmen und Holz hacken beim Stadtfest

Baumstämme zerhacken. Steine stemmen. Wer war am stärksten, am schnellsten, am geschicktesten? Die absonderlichsten Disziplinen des baskischen Landsports gingen im Wesentlichen aus Alltagstätigkeiten hervor. Man rodete Wälder in den Bergen, befreite Felder von Steinen – und schon war der Wettstreit geboren, der nicht nur Freizeitspaß und Zeitvertreib bot, sondern auch Selbstbestätigung und Triumphgefühl.

Nah dran am Landsport (spanisch: Deporte rural, baskisch: Herri kirolak) können Zaungäste bei Volksfesten sein, so wie bei den Fiestas de la Virgen Blanca Anfang August in Vitoria. Die Demonstrationen der archaischen Wettbewerbe steigen dort gewöhnlich auf der Plaza de los Fueros.

Ein Steinestemmer (baskisch: Harrijasotzaile) schafft es leicht und locker, eine zentnerschwere Kugel viele Male um Hals und Nacken zu rollen. Er ist entsprechend stämmig gebaut – Typ Muskel- und Fleischberg mit Händen wie Klodeckel. Richtig ran an die Kraftreserven geht es mit zylinderförmigen Klötzen, auf die die Höhe des Gewichts gepinselt wurde. Der Rekord bei den Männern liegt weit über der 300-Kilo-Marke, aber auch Frauen stemmen Steine. Der Gesundheit des Rückens und der Gelenke dürfte das kaum förderlich sein. Ein erfahrener Heber wie Aimar Irigoien weiß, dass er in den Armen weniger haben muss als in den Beinen und der Hüfte. »Gerade die Hüfte und abwärts, das ist wichtig«, erklärt er. Die Begeisterung, den starken Mann zu spielen, lebte ihm der Großvater vor. Mit 4 Jahren schulterte Aimar bereits einen 15-Kilo-Holzklotz, mit 13 Jahren einen 2-Zentner-Brocken. Steht ein Wettkampf an, trainiert er sechsmal pro Woche. Im Hauptjob ist er Bauunternehmer und hat schon Unmengen an Mauern selbst gesetzt.

In der Reihe der baskischen Landsportarten sind fernerhin Gras-Sensen, Milchkannenlauf und Tauziehen vertreten. Olympisch dürfte das alles nie werden.

Adresse Plaza de los Fueros, 01004 Vitoria | ÖPNV mitten in der Stadt, wo man zu Fuß unterwegs ist | Öffnungszeiten Stadtfest (Fiestas de la Virgen Blanca) gewöhnlich 4.–10. Aug. | Tipp Baskischen Landsport erlebt man anderweitig bei Volksfesten wie der »Großen Woche« (Aste Nagusia) in der zweiten Augusthälfte in Bilbao.

96 Die feine Kost

Geschäftstradition seit 1922 bei »Victofer«

In dieser Altstadtgasse, der Calle Cuchillería, befand sich vor Jahrhunderten die Zunft der Messerschmiede. Die Zeiten haben sich gewandelt, doch es ist betriebsam geblieben. Als Traditionsadresse für Feinkost sticht der Laden »Victofer« hervor, der in der dritten Generation in der Hand der Familie Fernández liegt. Gründerin war die Großmutter Beatriz im Jahr 1922. Seither läuft das Business.

»Victofer« setzt auf Produkte aus der erweiterten Umgebung, sodass die größtmögliche Frische und kurze Transportwege garantiert sind. Breit aufgestellt sind die drei Geschwister mit der Eigenproduktion, die in Konserven und Gläser wandert. Beim Spargel bedienen sie sich in der Nachbarregion Navarra, doch die meisten Erzeugnisse stammen aus der hiesigen Baskenlandprovinz Álava. Da wirft die fruchtbare Erde vielerlei ab. Zum Sortiment zählen eingelegte Paprika und Artischockenherzen, Porree, Weiße Bohnen, Peperoni, Tomatensoße. Nicht fehlen dürfen Weine, Käse, Salz aus den Salinen von Añana und – je nach Saison und Vorrat – Mandeln, Wal- und Haselnüsse.

Wer das Geschäft betritt, sieht sich sogleich von einer Riesenauswahl. Allein die sorgsamen Anordnungen und Präsentationen bringen auf den Geschmack. Hülsenfrüchte wie die sogenannten gefleckten Bohnen aus Álava (alubia pinta alavesa) und die kleinen schwarzen Kaviarlinsen (lenteja caviar) kann man sich aus Körben auswiegen lassen. Wer den Fokus auf Eingelegtes in Gläsern legt, findet Mangold (acelga), Mangold-Blattstiele (pencas de acelgas), Kardone (cardo), gemischtes Gemüse (menestra de verduras). Darüber hinaus reicht das Angebot bis hin zu marinierter Wachtel (codorniz escabechada) und mariniertem Rebhuhn (perdiz escabechada). Das alles hat seine Qualität – und seinen Preis. An eingelegten Schnecken (caracoles) dürften sich allerdings die Geschmäcker scheiden.

Adresse Victofer, Calle Cuchillería 14 Bajo, 01001 Vitoria, www.victofer.com | ÖPNV mitten in der Stadt, wo man zu Fuß unterwegs ist | Öffnungszeiten Mo–Fr 9–14.30 und 17–20.30 Uhr, Sa 9–14.30 Uhr | Tipp In derselben Gasse gibt es Möglichkeiten zur Einkehr, zum Beispiel bei Erdizka (Calle Cuchillería 11) oder El Gautxo (Calle Cuchillería 3 Bajo).

97__Der gestützte Dom

Eine Führung durch die Winkel der alten Kathedrale

Vitoria hat zwei Kathedralen, eine alte und eine neue. Wüsste man es nicht besser, würde man darauf tippen, dass es sich bei der alten Kathedrale um die neue handelt – denn das Bauwerk, das »Catedral de Santa María« heißt, hat eine Fülle an Injektionen der Moderne erhalten. Dies sieht und erfährt man bei einer Führung, der man sich anschließen muss. Der Einstieg ins Innere beginnt gewöhnlich in der Krypta.

Die Krypta erstreckt sich über 600 Quadratmeter und ist ein erstes Beispiel dafür, dass die Auffrischungsmaßnahmen mit Betonwänden, Stützpfeilern und -mauern extra nicht kaschiert worden sind. Sie gehören zur Baugeschichte des 21. Jahrhunderts. Eigentlich wurzelt der Dom im Mittelalter. Auf die Grundsteinlegung im romanischen Stil um 1150 folgte bis zum 14. Jahrhundert gotischer Ersatz; aus dieser Epoche datiert das Hauptportal mit seinem reichen Skulpturenschmuck. Im Laufe der Zeit zeigten sich Probleme in der Baustruktur, die mit der unzureichenden Fundamentierung zusammenhingen und sich ab dem 18. Jahrhundert verstärkten. 1994 sah man sich gezwungen, die alte Kathedrale vorübergehend zu schließen. Statt eines Abrisses entschloss man sich zu einer kostspieligen Renovierung und konnte ab 2014 wieder Gottesdienste feiern. Die Statik erfordert bis heute eine ständige Kontrolle.

Durchgangsstationen beim Rundgang sind der Altarraum, die Hauptkapelle und der helle Säulenwald, in den modische Lampenaufhängungen und Strahler integriert sind. Eng wird es beim Aufstieg ins Triforium. Das ist nichts für Klaustrophobiker. Wer die Besuchsvariante mit dem Kathedralturm gebucht hat, kann den Blick über die Dächer schweifen lassen. Vitoria aus der zugigen Höhe betrachtet, das ist jedoch nicht die allergrößte Erfüllung. Da im Bauwerk nichts beschönigt oder versteckt wird, könnte man Kabelstränge und Feuerlöscher fast für dekorative Elemente halten …

Adresse Catedral de Santa María, Cantón de Santa María s/n (Besucherzentrum), 01001 Vitoria, www.catedralvitoria.eus | ÖPNV mitten in der Altstadt, wo man zu Fuß unterwegs ist | Öffnungszeiten Besucherzentrum täglich 10–14 und 16–19 Uhr, Teilnahme an Führungen obligatorisch, einstündiger Standardbesuch des Doms, mit dem Kathedralturm etwas ausführlicher (und teurer), Reservierungen über die Website | Tipp In der Altstadt übernachtet man zu fairem Preis im Hotel Arts-Gasteiz in der Calle Colegio San Prudencio 2 (Tel. +34/945251700, www.hotelarts-gasteizcentro.com).

98 Der »Grüne Ring«

Naturvielfalt vor der Haustür

Es ist zwar schon eine Weile her, als sich Vitoria 2012 mit dem Titel »Grüne Hauptstadt Europas« schmücken durfte, doch seither stehen die Zeichen weiter auf Grün, ist das Bewusstsein für die Umwelt ständig gewachsen. Laut Angaben aus dem Rathaus entfallen auf jeden der knapp 260.000 Einwohner 42 Quadratmeter Grünfläche. Niemand brauche, so heißt es, von seinem Zuhause länger als zweieinhalb Minuten zum nächsten Grün zu gehen. Es gibt mehr als 170 Kilometer Radwege. Über Straßen, Plätze und Stadtparks verteilen sich 115.000 Bäume. Dazu kommen die noch üppigeren Bestände im »Grünen Ring« (spanisch: Anillo Verde), der sich weitläufig um die Stadt legt und aus einer Abfolge von Parkanlagen und Feuchtgebieten zusammensetzt. Dort haben Weißstörche und Reiher ebenso Habitate gefunden wie Graugänse, Enten und der Europäische Nerz. Ein riesiges abgesperrtes Terrain ist wiedereingeführten Hirschen und Rehen vorbehalten.

In Vitoria machte man sich bereits in den 1990er Jahren Gedanken um die Zukunft und um eine ökologisch wertvolle Ausgestaltung der Peripherie. So entstand allmählich ein Naherholungsgebiet, das die Bevölkerung dankbar annimmt. Natürlich profitieren Besucher gleichermaßen davon.

Für die Entdeckung bieten sich mehrere Möglichkeiten an. Die Radausleihe in der City ist eine davon, hat aber den Nachteil, dass man sich erst einmal eine Viertelstunde durch Häuserschluchten kämpfen muss. Dann jedoch taucht man rasch ein in eine andere Welt, wo man sich tief im Einklang mit der Natur fühlt. Es ist möglich, den kompletten »Anillo Verde« zu beradeln, etwa 33 Kilometer. Ansonsten fährt man mit dem Bus oder dem Auto an den Stadtrand und marschiert auf markierten Wegen los. Zu empfehlen ist der Ostteil des »Grünen Rings« mit dem Park Salburua und dem Besucherzentrum Ataria. Dort schiebt sich ein verglaster Beobachtungssteg über ein Feuchtgebiet hinaus.

Adresse 01013 Vitoria, www.vitoria-gasteiz.org | ÖPNV nächste Haltestelle von Stadtbus 5 beim Park Salburua | Tipp Vom Besucherzentrum Ataria (Centro de Interpretación de los humedales de Salburua; Paseo de la Biosfera 4) erreicht man nach einigen Kilometern mit dem Rad oder zu Fuß das Observatorio Los Fresnos, einen Vogelbeobachtungsstand. Unterwegs kommt man am Rotwildgebiet vorbei.

99 Das himmelblaue Gewölbe

Im »Haus der Kordel« in der Altstadt

Das »Haus der Kordel«, die Casa del Cordón, findet sich im mittelalterlichen Stadtkern, der in leicht erhöhter Lage in Form einer Mandel angelegt wurde. Dieses Haus lässt sich eher als Palais bezeichnen. Der Name leitet sich von dekorativen Steinelementen ab, die sich zu einem Gürtelstrick zusammensetzen, wie er zum Ordenskleid der Franziskaner gehörte, und um das Hauptportal legen.

Das Gebäude wurde Ende des 15. Jahrhunderts auf Betreiben der Familie Sánchez de Bilbao erbaut, »reichen konvertierten Juden«, wie es offiziell heißt. Es war eine Mischung aus Herren- und Handelshaus, was somit auch bezeugt, dass Vitoria an einer wichtigen Handelsroute zwischen Kastilien im Inland und den Häfen am Golf von Biscaya lag. Die Familie generierte weitere Einkünfte »durch den Verleih von Geld und den Erhalt von Vermietungen von Häusern und Ländereien«, wie ein wissenschaftlicher Aufsatz von Ernesto García Fernández verbürgt. Kein Wunder also, dass die Auftraggeber bei der Casa del Cordón an nichts sparten. Der spätgotische Bau stach als einer der prächtigsten in Vitoria hervor. Heute stockt man ein wenig beim Eintreten, denn hier sind Büros einer Stiftung untergebracht. Das ist kein Hinderungsgrund. Die ständige Ausstellung, die die Stiftung zusammengetragen hat, und Teile des Palastes sind frei zugänglich.

Zur Ausstellung zählen stattliche Truhen, ein Wappenschild aus Stein aus dem 17. Jahrhundert, Keramik und sakrale Stücke wie zwei Gekreuzigte. Höhepunkt des Besuchs ist der Gewölbesaal, den Restauratorenhände vorbildlich hergerichtet haben. Der Anstrich ist himmelblau, versetzt mit goldenen Sternen. Medaillons auf den Gewölberippen zeigen symbolträchtige Tiere. Der Adler, so liest man auf der Infotafel, stand für Großzügigkeit und Edelmut, der Greif für Geschick und Erhabenheit, das Einhorn für Reinheit und der Drache für Vorsicht und Wachsamkeit.

Adresse Casa del Cordón, Calle Cuchillería 24, 01001 Vitoria, www.fundacionvital.eus/casa-del-cordon | ÖPNV mitten in der Altstadt, wo man zu Fuß unterwegs ist | Öffnungszeiten ständige Ausstellung Mo–Do 8.30–14 und 16.30–19 Uhr, Fr 8.30–14 Uhr; Eintritt kostenlos | Tipp Wer mehr von Vitoria kennenlernen will, spaziert von hier aus zum modernen Marktgebäude in der Calle Jesús Guridi 1A. Über die Stände hinaus lockt ein Gastrobar-Bereich.

100 Das Juwel der Romanik

Baukunst im Abseits

Größer könnte der Kontrast zu Vitorias beiden Kathedralen kaum sein. Sowohl stilistisch als auch von der Größe und Lage her. Bescheiden und gleichzeitig erhaben steigt die Basilika San Prudencio aus dem Wiesengrün am südwestlichen Stadtrand. Im 12. Jahrhundert entstand hier, im jetzigen Vorort Armentia, ein Juwel der Romanik, eines der prägnantesten im Baskenland. Aus Armentia soll der Namensgeber der Basilika stammen, der heilige Prudentius (spanisch: San Prudencio), der sich bereits im Alter von 15 Jahren als Einsiedler unweit von Soria in Kastilien-León zurückgezogen haben soll. Später bekleidete er das Bischofsamt im Städtchen Tarazona in der Region Aragonien. Prudentius wird als Schutzpatron der hiesigen Region Álava verehrt.

Oft hat man die Baukunst der Basilika für sich allein und kann draußen den ältesten Bauteil, die halbrunde Apsis, in Ruhe betrachten. Nicht minder interessant ist der südliche Vorbau mit einer Bogenfront und den dahinter geschützten Bildhauerwerken. Es gibt mehrere Ensembles, darunter Christi Himmelfahrt mit Christus als regelrechtem Giganten zwischen den Aposteln, und die Einzeldarstellung eines Ritters hoch zu Pferd. Dabei dürfte es sich um den Apostel Jakobus in seiner – aus heutiger Warte absonderlichen – Vorbildfunktion als »Maurentöter« (spanisch: matamoros) handeln. So wurde er im Mittelalter zum Kampf gegen die Glaubensfeinde dargestellt und sollte die christlichen Truppen zum Sieg über den Islam anspornen.

Das Bauwerk hat sich nicht ganz in seinem Urzustand erhalten, 1776 erfolgten Eingriffe und Neuerungen. Dennoch wirkt es homogen. Im Innern wirft die Skulptur des Prudentius hinter dem Altar ihren Schatten gegen die Wand. Das Licht fällt durch schmale Fenster.

Mit der Ruhe ist es spätestens am 28. April vorbei. Dann ist die Basilika Ziel einer großen Wallfahrt zu Ehren des heiligen Prudentius.

Adresse Camino de Armentia 24, 01007 Vitoria, www.cofradiasanprudencio.com | ÖPNV nächste Bushaltestelle der Linie 4 | Öffnungszeiten Di–Sa 9.30–20 Uhr, So, Mo 9.30–14 Uhr | Tipp Von der City kann man zu Fuß zur drei Kilometer entfernten Basilika gehen, unter den Einheimischen ist das ein beliebter Spaziergang, der an einigen historischen Villen vorbeiführt.

101 Das Kalorienbabel

Süße Verlockungen bei »Confituras Goya«

Die nächsten Kakaoplantagen liegen einige tausend Kilometer entfernt. Doch das ist in Belgien oder der Schweiz nicht anders. Überall pflegt man die süßen Versuchungen mit Schokolade. So wie bei »Confituras Goya« in Vitoria. Da machen schon die Auslagen Appetit auf süße Kalorienbomben. Die Düfte schwappen als olfaktorische Verlockungen auf die Straße.

Der Name Goya klingt nach einem der berühmtesten Maler Spaniens, nämlich Francisco de Goya (1746–1828). Mit ihm sei man über eine Linie fern verwandt, sagt Mitinhaber und Betriebsmanager José Manuel Goya, der sich mit der Verwertung des Materials Schokolade auskennt. Er habe mal drei Monate eine diesbezügliche Ausbildung in Solingen gemacht, erzählt er.

Die traditionelle Geschenkpackung heißt »Vasquitos y Nesquitas«. Die lässt sich als Pralinenmix definieren, der Kakaopaste, Sahne, Haselnüsse, Mandeln und Konfitfrüchte enthält. Die genaue Zusammensetzung ist natürlich ein Betriebsgeheimnis. Insgesamt, so Manager Goya, umfasse die Auswahl 200 Produkte, darunter Torten, die als wahre Kunstwerke daherkommen. Hinter alldem steht die Mann- und Frauenpower eines 40-köpfigen Teams, für das der Arbeitstag um sechs Uhr in der Früh beginnt. Bei den Schokoladentafeln mit Salz aus den Salinen von Añana spannt sich der Bogen vom fernen Kakao zum Regionalerzeugnis. In der hiesigen Baskenlandprovinz Álava habe die »Kartoffeltorte« hingegen keinen Erfolg gehabt, bedauert Goya, der auf eine Betriebsgeschichte bis 1886 zurückschaut. Ein Vorfahr habe eine Dame von der Konkurrenz geheiratet. Danach drängte man gemeinsam umso stärker auf den Markt, wo man sich bis heute erfolgreich hält.

Confituras Goya ist mit mehreren Adressen in der Stadt vertreten, darunter in der Calle Postas. Es gibt quasi kein Entrinnen. Manager Goya sagt: »Jeden Tag esse ich eine Praline nach dem Essen. Oder zumindest nehme ich mir vor, dass es bei einer bleibt.«

Adresse Confitería Goya, Calle Postas 45, 01004 Vitoria, www.confiturasgoya.es | ÖPNV mitten in der Stadt, wo man zu Fuß unterwegs ist | Öffnungszeiten Mo – Sa 9.30 – 14 und 16.30 – 20 Uhr, So 9.30 – 14.30 Uhr | Tipp Weitere Filialen befinden sich unter anderem in der Calle Eduardo Dato 6, der Avenida Gasteiz 78 und der Calle Ortiz de Zárate 6.

102 Der Kunstspaziergang

Ein Palast als prachtvoller Rahmen

Schnörkel über Schnörkel an Bögen und Balustraden, rund um die Fenster und auf dem Dach. Das Stadtpalais Augustin-Zulueta sticht in der historischen Villenzone südwestlich der City hervor und ist von Gartengrün umgeben. Es wurde zwischen 1912 und 1916 für ein begütertes Ehepaar im Stil des Eklektizismus erbaut und folgte im Wesentlichen den Vorbildern von Renaissancepalästen. Den Entwurf lieferten die Architekten der Neuen Kathedrale, Julián Apraiz und Javier de Luque, die sogar eine Kapelle in die Privatresidenz integrierten.

Der Palast gibt einen prachtvollen Rahmen ab für das Museum der Schönen Künste der hiesigen Provinz Álava (spanisch: Museo de Bellas Artes de Álava), das sich auf den Hauptbau und ein moderneres Nebengebäude verteilt. Die alte Architektur und die Inneneinrichtung, darunter verschwenderische Holzarbeiten von Türen über Geländer bis hin zu Bodentäfelungen, lenken ein wenig vom eigentlichen Inhalt ab. Doch auch der ist äußerst lohnenswert. Die Kollektion umfasst spanische Kunst vom 18. bis zum 20. Jahrhundert mit dem Schwerpunkt auf dem Baskenland zwischen 1850 und 1950. In jener Epoche traten Maler wie Ignacio Díaz Olano (1860–1937) und Adrián María Aldekoa (1887–1945) mit Brauchtumsszenen hervor. Die realistisch-naturalistischen Bilder bezeugen, wie man sich seinerzeit kleidete, die Felder bestellte, wie man feierte und auf Wallfahrten ging. In dieser Reihe standen auch Pablo Uranga (1861–1934) und Elías Salaverría (1883–1952). Dagegen finden sich im Werk von Fernando de Amárica (1866–1956) diverse Landschafts- und Stadtansichten.

Ein Höhepunkt der Sammlung stammt von dem Katalanen Josep Maria Sert (1874–1945): »La siesta de los segadores«, übersetzt »Die Mittagsruhe der Mäher«, die schlaftrunken auf Heuballen liegen. Besonders schätzen Kunstbetrachter, dass in vielen Sälchen eine intime Atmosphäre herrscht.

Adresse Paseo de Fray Francisco de Vitoria 8, 01007 Vitoria, www.arteederrenmuseoa.eus | ÖPNV von der Innenstadt zu Fuß erreichbar | Öffnungszeiten Di–Sa 10–14 und 16–18.30 Uhr, So 11–14 Uhr; Eintritt kostenlos | Tipp In der Nähe liegt das regionale Waffenmuseum »Museo de Armería de Álava«, das aber nicht kriegerisch, sondern kulturgeschichtlich zu verstehen ist. Wertvolle Stücke sind historische Ritterrüstungen (Paseo de Fray Francisco de Vitoria 3, www.armamuseoa.eus).

103__Die Murales

Kunst im öffentlichen Raum um die Altstadt

Ideal als Ergänzung zur Vielfalt der Museumsstadt Vitoria ist die Street-Art, die sich mit über einem Dutzend Werken auf die Altstadt und deren nähere Umgebung konzentriert. Hinter der Kunst im öffentlichen Raum standen Initiativen von Künstlerprofis und Anwohnern. Die größten Wandgemälde (spanisch: murales) nehmen über 200 Quadratmeter ein und bereichern das Stadtbild auf bunteste Art. Jedes Œuvre hat seine eigene Geschichte, seinen eigenen Hintergrund. Einfluss genommen auf die Street-Art hat Vitorias Städtepartnerschaft mit dem französischen Angoulême, der Stadt der Comics und gleichermaßen der bemalten Wände.

Wer durch Vitoria schlendert, sollte als Gebrauchsanweisung beherzigen, nicht nur nach unten aufs Pflaster zu schauen, sondern auch nach oben. Eine der schönsten Fassadendekorationen blättert sich nahe dem Artium-Museum an der Calle de Francia mit Pflanzenmotiven auf. Das Wandgemälde trägt als Titel die Frage »Was werden wir mit dem machen, was wir wissen?« (spanisch: »Qué haremos con lo que sabemos?«) und bezieht sich darauf, ob der Mensch die Umwelt und seine Lebensformen in dem Maße bewahrt, wie er aus verschiedensten Quellen gelernt hat. Die Fenster sind ebenso treffend in die Kunst integriert wie bei »Der Triumph von Vitoria« (spanisch: »El Triunfo de Vitoria«).

Das Gemälde über der kleinen Gartenanlage Elantxobe zieht sich über eine komplette Seitenfassade. Hier ist Vitoria als Adelsdame dargestellt, die mit einem hinterlistigen Mann Karten spielt, doch ihre Dienerin, ein Symbol des »Volkes von Vitoria«, durchschaut dessen falsches Spiel und warnt ihre Herrin. Das Motiv lehnt sich an das Bild »Der Falschspieler mit dem Karo-Ass« des französischen Barockmalers Georges de La Tour an.

Weitere Kunstwerke finden sich an der Plaza de las Burullerías, in der Calle Zapatería 76 und 79 sowie in den Gassen Cantón de Santa María und Cantón de Santa Ana.

Adresse 01002 Vitoria, www.vitoria-gasteiz.org, www.muralismopublico.com | ÖPNV in der Stadt, wo man zu Fuß unterwegs ist | Tipp Über dem Garten der Stadtmauer (spanisch: Jardín de Muralla) erhebt sich das Wandgemälde »Die kürzeste Nacht« (spanisch: »La noche más corta«), das sich auf die Johannisnacht bezieht. Dort ist auch das restaurierte Stadtmauerstück selbst sehenswert.

104 Das Restaurant Matxete

Am fein gedeckten Tisch

Hacken, hauen, stechen. Dazu ist eine Machete (spanisch: Machete, baskisch: Matxete) mit ihrer langen Klinge bestens geeignet. Auf dieses Instrument musste der Generalbevollmächtigte von Vitoria einst seinen Schwur leisten – auf dass er nach bestem Wissen und Gewissen für die Stadt handeln würde. Bei Verfehlungen lief er Gefahr, mit der Machete enthauptet zu werden. Dies soll dem Vernehmen nach jedoch nie vorgekommen sein. Die historische Waffe hängt als Replikat über Kopfhöhe an der Seitenfront der Kirche San Miguel: doppelt gesichert hinter Gitter und Glas. Zudem ist sie Namensgeberin des vorliegenden Platzes, der Plaza del Machete, und des »Asador Matxete«, des daran gelegenen Grillrestaurants.

Im »Maxtete« lässt man sich gern an den gedeckten Tisch nieder, zur wärmeren Jahreszeit auf der Terrasse oder jederzeit drinnen. Die Bruchsteinwände im Obergeschoss strahlen Behaglichkeit aus. Weinflaschen sind dekorativ auf Schränken und einer Zwischenabtrennung drapiert. Moderne Leuchter setzen das gastronomische Erleben in Szene, bei dem sich Traditionen und neue Tendenzen vermischen. Hier wirbelt zwar kein Sternekoch, aber das kurz vor der Jahrtausendwende eröffnete Restaurant liefert einen Querschnitt durch die Regionalküche gestern und heute. Obenan stehen Spezialitäten vom Grill wie das T-Bone-Steak (Chuletón), der Seeteufel (Rape), der Steinbutt (Rodaballo) und die Seebrasse (Besugo). All dies wird nach Kilopreis berechnet. Ebenfalls auf den Geschmack bringen frische Tintenfische, die mit Zwiebeln in Öl geschmort werden (Chipirones frescos encebollados), Anchovis (Anchoas), Schweinsbäckchen (Carrilleras) und eine Foie-Terrine (Tarrina de foie). Bei den Nachtischen trifft man mit der »Cuajada«, einem Schafsmilchjoghurt, und einer »Goxua«, einem typisch baskischen Schichtwerk aus Kuchenteig, Sahne und einer Art Puddingcreme, eine gute Wahl.

Adresse Asador Matxete, Plaza del Machete 4–5, 01001 Vitoria, Tel. +34/945131821, www.matxete.com | ÖPNV in der Altstadt, wo man zu Fuß unterwegs ist | Öffnungszeiten Di–So 13.30–17 und 20.30/21–23 Uhr, letzter So im Monat geschlossen | Tipp Etwas unterhalb der Plaza del Machete verläuft ein interessanter Bogengang vom Ende des 18. Jahrhunderts, Los Arquillos genannt.

105 Die sakralen Schätze

Das Museum in der neuen Kathedrale

Dass ein Teil von heiligen Hallen für ein Museum abgezwackt wird, entspricht nicht der Gewohnheit. In Vitoria jedoch nimmt das Diözesanmuseum der sakralen Kunst (spanisch: Museo Diocesano de Arte Sacro) einen Teil der Kathedrale María Inmaculada ein, die auch als »Neue Kathedrale« bekannt ist und zu Beginn des 20. Jahrhunderts im Stil der Neogotik entstand. Die Glastrennungen erlauben den Durchblick auf diese oder jene Seite.

Egal, wie man zur Institution Kirche stehen mag: Dieses Sakralmuseum ist eines der feinsten in Spanien. Es liegt nicht wie in anderen Fällen irgendwo verborgen in einem Hinterbereich, wo der Muff der Jahre drinsteckt, sondern etwa auf Höhe des Hauptaltarraums und ist schlüssig nach Oberbegriffen geordnet. So lassen sich gleich die persönlichen Vorlieben filtrieren, ob für Gemälde oder Bildhauerkunst. Die Sammlung stößt unterhalb an riesige Buntglasfenster und ist vielerorts mit Lichtern punktgenau in Szene gesetzt.

Zur Kollektion zählen Grabstelen und Skulpturen aus dem Mittelalter, Silberarbeiten sowie die Renaissance-Retabel von San Nicolás de Bari und San Blas. Mal ist auf einem Gemälde St. Sebastian bei seinem Martyrium zugegen, durchbohrt von Pfeilen, mal sieht man sich einer Maria mit dem Kind gegenüber, das von den Gesichtszügen her älter ist als die eigene Mutter.

Die Höhepunkte sind durch Vitrinen geschützt: Reliquienbüsten aus polychromiertem Eichenholz. Sie stellen 5 der 11.000 »heiligen Jungfrauen« dar, die der Legende zufolge Ursula von Köln auf ihre Wallfahrt nach Rom begleiteten und auf der Rückreise von Hunnen niedergemetzelt wurden. Laut Forschung entstanden die Büsten zwischen 1515 und 1530 in einer flämischen oder deutschen Werkstatt. Detailverliebt herausgearbeitet sind die luxuriösen Oberteile der Gewänder und vor allem die Haare, entweder zu Zöpfen geflochten oder wunderbar lang herabwallend. Dazu: feingliedrige Hände und zarte Gesichtshaut mit geröteten Wangen.

Adresse Catedral María Inmaculada, Calle Monseñor Cadena y Eleta s/n, 01008 Vitoria, www.museosacrovitoria.eus | ÖPNV am erweiterten Rand der Altstadt, gut zu Fuß erreichbar | Öffnungszeiten Di–Fr 10–14 und 16–18.30 Uhr, Sa 10–14 Uhr, So 11–14 Uhr; Eintritt kostenlos | Tipp Der benachbarte Stadtpark La Florida empfiehlt sich vor oder nach dem Museumsbesuch für einen Spaziergang.

106__Das Spielkartenmuseum

Hier spielt die Stadt ein kurioses Ass aus

Warum sich eines der weltweit besten Spielkartenmuseen in Vitoria befindet? Ganz einfach: Hier begann 1870 auf Betreiben eines ambitionierten Jungunternehmers namens Heraclio Fournier González die Produktion von Spielkarten (spanisch: naipes), zunächst im bescheidenen Rahmen einer Werkstatt, dann als Industriebetrieb in führender Marktstellung. Des Gründers Enkel, Félix Alfaro Fournier, baute ab 1916 die Spielkartensammlung auf, die heute in der Altstadt im historischen Adelspalais Bendaña untergebracht ist und »Museo Fournier de Naipes de Álava« heißt. Damit spielt Vitoria ein kurioses Ass unter den Besuchszielen aus.

Das Museum ist ein Dorado der Entdeckungen, nicht nur für eingefleischte Zocker oder Spezialisten. Hier begibt man sich auf eine einzigartige Reise durch Kulturen und Jahrhunderte, nämlich vom Spätmittelalter bis in unsere Tage. Das frühe Druckverfahren für die Karten nannte man Xylografie. Der Rundgang startet ebenerdig mit Druckmaschinen, umrahmt von den schönen Bögen des renovierten Palastes.

Weiter oben, in den Sälen mit ihren Vitrinen, stößt man auf eine sagenhafte Fülle handlicher Kunstobjekte. Da gibt es vielfältige Beispiele, die erstaunen und begeistern. So wie Karten aus Deutschland und Österreich aus dem 16. Jahrhundert. Oder ein britisches Kartenset von 1723, auf dem in enger Schrift historisch-geografische Abrisse zu Mexikanern, Peruanern und Brasilianern zu lesen sind. Oder ein Spiel von 1691 aus Edinburgh, verziert mit schottischen Adelswappen. Der Ausgestaltung und Phantasie waren keine Grenzen gesetzt, ob beim Alten Testament, exotischen Tieren, musikalischen Kompositionen oder Klassikern der Weltliteratur wie »Don Quijote«, »Alice im Wunderland« und »Onkel Toms Hütte«. Dass bei den Darstellungen nackte Haut kein Tabu und nichts Menschliches fremd war, belegt ein Kamasutra-Set aus der Mitte des 20. Jahrhunderts aus Indien.

Adresse Museo Fournier de Naipes de Álava, Calle Cuchillería 54, 01001 Vitoria, www.fourniermuseoabibat.eus | ÖPNV Busbahnhof (Estación de Autobuses, Plaza de Euskaltzaindia) nordwestlich des Zentrums | Öffnungszeiten Di–Sa 10–14 und 16–18.30 Uhr, So 11–14 Uhr; Eintritt kostenlos | Tipp Das Museum ist im sogenannten Bibat-Komplex untergebracht, zu dem ein zweites Museum gehört, nämlich das Archäologische Museum der Provinz Álava, dessen Besuch ebenfalls gratis ist.

107 Die Untergrundkunst

Ausstellungen im Artium-Museum

Raus aus der Altstadt und rein ins Artium, Vitorias Museum der zeitgenössischen Kunst des Baskenlands (spanisch: Museo de Arte Contemporáneo del País Vasco). Dieses kommt im Gegensatz zu Bilbao und dem Guggenheim-Museum nicht gerade als ein phantasievoller Bauentwurf daher. Draußen und drinnen sieht man sich mit der kühlen, nüchternen Betonarchitektur von José Luis Catón konfrontiert.

Hingucker auf dem Artium-Vorplatz ist eine kolossale Metallskulptur von Miquel Navarro, betitelt mit »Der Blick« (spanisch: La mirada). Das 45-Meter-Gebilde sieht fast wie ein Kran aus. Aufsparen für später kann man sich die Rückseite des Gebäudes mit dem Zugang zu einem Freigelände und dem Garten.

Passiert man die Museumstüren, führt der Weg in den Untergrund. Nur dort verbergen sich die Ausstellungsbereiche. Drei Viertel der 13.000 Quadratmeter Artium-Fläche befinden sich unter der Erde. In den Tiefen wechseln die Inhalte und lassen sich bis auf den Oberbegriff der zeitgenössischen Kunst nicht auf einen Nenner bringen. Zudem finden hier nicht nur Künstler aus dem Baskenland ein Forum, sondern aus der ganzen Welt. Das Programm ist ambitioniert und abwechslungsreich, bringt Diskussionen ins Rollen oder lässt kalt. Mainstream-Geschmäcker werden nicht bedient. Gewöhnlich ist – über die Wechselausstellungen hinaus – eine Auswahl aus der museumseigenen Sammlung zu sehen.

Die hoch aufgerissenen, hellen Säle sind wie geschaffen für Installationen und die breiten Wandbereiche ideal, um mit Bildern behängt zu werden – zum Glück ohne Überfrachtung. Oben fällt Naturlicht durch die Rundfenster. Die genannte nüchterne Architektur verkehrt sich durchaus zum Vorteil, denn: Nichts lenkt den Blick von den Kunstwerken ab, so wie im Guggenheim-Museum in Bilbao, wo die Architektur von Frank O. Gehry ebenso allgegenwärtig ist wie die Exponate oder sie vom Anziehungsgrad her sogar übertrifft.

Adresse Artium, Calle Francia 24, 01002 Vitoria, www.artium.eus | ÖPNV am Rand der Altstadt, wo man zu Fuß unterwegs ist | Öffnungszeiten Di–Fr 11–14 und 17–20 Uhr, Sa, So 11–20 Uhr; Eintritt nachmittags und So ganztägig kostenlos | Tipp Eine Einkehr im nahen Restaurant La Bilbaina lohnt sich. Es gehört zum gleichnamigen Hotel (Calle Prudencio María Verastegui 2, www.labilbainavitoria.com).

108 Der Strandgigant

Baden, surfen und Vorsicht vor dem Atlantik

Der Strand drückt dem Städtchen Zarautz seinen Stempel auf: mit 2,5 Kilometer Länge und durchschnittlich 80 Meter Breite. Hier teilen sich Badegäste, Sonnenanbeter und Wassersportler das Terrain. Hoch im Kurs steht Surfen. Unterschiedlich ist das, was sich hinter dem Strand erstreckt. Im Westteil sind es die Wohnhäusermassen und die breite Promenade, die zum Flanieren einlädt. Im Ostteil ist es ein unbebautes Terrain, zu dem Dünen und das ans Flüsschen San Pelaio stoßende Biotop von Iñurritza, aber auch der Neun-Loch-Golfplatz gehören. Ein abgegrenzter Weg verläuft erhöht parallel zum Strand, inklusive Treppenabgängen, die im Sand enden.

Der Tidenhub bestimmt wie andernorts die Bilder. Bei Ebbe kann der Wasserspiegel um 4 Meter sinken und sich das Meer bis zu 100 Meter zurückziehen. Dann schlägt die Stunde der Beach Walker. Bei Flut hingegen schrumpfen die Sandflächen erheblich. Laut offiziellen Angaben des Fremdenverkehrsamts bewegen sich die Höchsttemperaturen des Wassers im Sommer zwischen 19 und 21 Grad Celsius. Es steht zu befürchten, dass die Angaben in Zukunft durch den Klimawandel leicht nach oben korrigiert werden müssen.

Der Strandgigant wendet sich ungeschützt dem Atlantik zu. Der hat mit Wellen und Strömungen seine Tücken, mahnt zur Vorsicht und zur Beachtung der Flaggen. Grün bedeutet »Baden erlaubt«, Gelb »Baden mit Vorsicht«, Rot »Baden verboten«. Darüber hinaus markieren rot-blaue Flaggen das Gebiet von Wassersportaktivitäten.

Der beste Blick auf den Strand bietet sich im Westteil vom Gehsteig parallel der Küstenstraße aus, wo sich der kleine Hafen des einstigen Fischernests versteckt. Oder man folgt im Ostteil dem Fußweg auf den Talaimendi-Hügel in Richtung Campingplatz. Das kontrastreiche Panorama komplettieren die grünen Berge im Hinterland und das bewaldete Hügelmassiv oberhalb der Küstenstraße nach Getaria.

Adresse Playa de Zarautz, 20800 Zarautz, www.turismozarautz.eus | Anfahrt Autobahn AP-8, Ausfahrt Zarautz; alternativ auf der Nationalstraße N-634 in das Städtchen, Stichstraßen zum Strand, Parken oft problematisch | Tipp In Zarautz pflegt das Restaurant Kirkilla in der Calle de Santa Marina 12 eine exquisite Gastronomie. Sonntagabends und montags ist geschlossen (Tel. +34/943131982, www.kirkilla.com).

109 Der Verladeplatz am Meer

Ein besonderes Zeugnis der Industriegeschichte

Die Luft ist klar. Der Blick schweift an der zergliederten Küste entlang und bis zum Horizont. In der Tiefe rauscht die See. Der Atlantik brandet geräuschvoll an Felsen. Doch an den meerwärtigen Ausläufern des Küstenhügels Talaimendi, der östlich von Zarautz aufsteigt, beherrscht nicht nur die Natur das Bild. Ein Zeugnis der Industriegeschichte des Baskenlands legt der Verladeplatz von Mollarri (spanisch: Cargadero de Mollarri) ab, bekannt auch unter dem Namen »Malla Harria«.

Verladeplatz heißt: Hier wurden Schiffe direkt am Ozean mit Eisenerzen beladen, die aus den Minen von Andazarrate stammten, etwa zehn Kilometer landeinwärts. Das Material kam von dort in Güterloren über eine Luftseilbahn angeschwebt, die sich auf 112 Pfeiler stützte – ein titanisches Ingenieursprojekt. Zwischenstation war das große Speicherlager. Ab dort fehlte ein letztes Stück bis zum Meer. Für den Transport stand eine weitere Schwebebahn bereit, die eine Entfernung von 300 Meter Länge und einen Höhenunterschied von 35 Metern überbrückte. Endpunkt war der eigentliche Verladeplatz auf der winzigen Insel Mollarri, wo die Schiffe über einen metallenen Kragträger beladen wurden. Dieser war auf den Felsen verankert und ragte 23 Meter weit hinaus. Die Beladung eines Frachters dauerte gewöhnlich zwischen 10 und 15 Stunden und war eine wackelige, nicht ungefährliche Angelegenheit. Die Schiffe nahmen ab hier Kurs auf Frankreich oder England.

Gemessen am Aufwand, war der Anlage ein relativ kurzes Leben beschieden, nämlich von 1906 bis 1923. In den 1940er Jahren wurde der Großteil abgebaut. Pfeiler und Seilbahn sind komplett verschwunden, die Insel Mollarri bewahrt magere Fundamentreste. Relevantes Zeugnis ist das restaurierte Speicherlager, wo man sich auf eine Außenbesichtigung begibt. Vor der Baustruktur aus Bruchsteinwänden steht zur Veranschaulichung eine alte Lore.

Adresse Talaimendi, 20800 Zarautz, www.turismozarautz.eus | **Anfahrt** Autobahn AP-8, Ausfahrt Zarautz; alternativ auf der Nationalstraße N-634 in das Städtchen, Areal von Mollarri nur zu Fuß erreichbar, im Osten des Strands von Zarautz dem Weg aufwärts auf den Talaimendi-Hügel in Richtung Campingplatz folgen | **Tipp** Historische Stücke anderer Art sind in Zarautz im »Photomuseum« in der Calle de San Ignacio 11 zu sehen (www.photomuseum.es, Di–So 10–14 und 17–20 Uhr).

110 Der Eisenberg

Spuren einer historischen Ausbeutung

Profitsucht, Spekulation, das ewig gültige Prinzip von Angebot und Nachfrage: Des Menschen Gier nach Bodenschätzen machte auch vor dem Baskenland nicht halt. Vielerorts hatte man es auf Eisenerze abgesehen, so wie nahe dem Ort Zerain. Dort erhebt sich das, was durch die Minen von Aizpea als »Eisenberg« (spanisch: Montaña de Hierro) bekannt wurde. Wer den historischen Spuren folgen will, muss sich einer Tour des Tourismusbüros Zerain anschließen.

Die Ausbeutung des Areals setzte im Mittelalter ein und erlebte im 19. Jahrhundert mit den Engländern einen Aufschwung. »Sie legten 200 Galerien an«, erzählt Aloña Aramburu Tolosa bei einer Führung, die das Besucherzentrum Aizpitta einschließt. Später gingen die Geschäfte in deutsche Hände über, dann in spanische.

Gleich hinter dem Besucherzentrum erheben sich drei gewaltige Hochöfen, in denen das vor Ort herausgeholte Eisenerz eingeschmolzen wurde. Dass Mutter Erde seinerzeit rücksichtslos ausblutete, interessierte nicht. Dafür war das Bewusstsein noch nicht geschaffen – und außerdem hingen in den strukturschwachen Gegenden Arbeitsplätze davon ab. Eine Drecks- und Knochenarbeit. »Es herrschte ein entsetzlicher Lärm. Die Landschaft sah absolut grau aus, darüber befand sich eine schwarze Wolke«, ruft Aramburu Tolosa die Vergangenheit mit ihrem Rauch und den in der Luft hängenden Aschepartikeln ins Gedächtnis. Das Material wurde aus dem Erdinneren mit Loren angeliefert, hineingekippt, geschmolzen. Der letzte Ofen verpuffte im Jahre 1960.

Heute spaziert man über Betonbrücken an den oberen Teilen der Hochöfen entlang und blickt in ein sattgrün gefülltes Tal. Eine der alten Galerien, die vormals von Gleisen durchzogen war, wurde aufbereitet und zur Besichtigung freigegeben. Durch den beleuchteten Gang geht man etwa 100 Meter hinein. Der Wandel der Zeiten will, dass das Areal nunmehr zum baskischen Kulturgut zählt.

Adresse Besucherzentrum (Centro de Interpretación) Aizpitta, Barrio Aizpea, 20214 Zerain, www.goierriturismo.com | **Anfahrt** von Nordosten über die Autobahn A-1, dann auf den Landstraßen GI-2637 und GI-3520 nach Zerain | **Öffnungszeiten** Besucherzentrum: April–Okt. Sa, So 10.45–13.45 Uhr, ganzjährig Führungen auf Spanisch Sa, So 12.45 Uhr mit mindestens 6 Personen, Anmeldung bis zu 48 Stunden vorher beim Tourismusbüro in Zerain unter Tel. +34/943801505 oder +34/649946277 oder per E-Mail an turismobulegoa@zerain.eus | **Tipp** In Zerain kann man im traditionellen Restaurant Ostatu an der Plaza de Ostatu einkehren (Tel. +34/943801799, Mo geschlossen).

111 Die Felsformationen

Wie ein offenes Buch der Erdgeschichte

Bereits auf den ersten Blick wirken die Bilder in Zumaia äußerst einladend: der Strand Santiago, die Flussmündung des Río Urola, der Sporthafen. Doch im Westteil des Küstenstädtchens kommt es noch besser. Dort, wo Zumaia sein rauestes Gesicht aufsetzt. Dort, wo sich gewissermaßen ein offenes Buch der Erdgeschichte aufblättert: zu Füßen der Einsiedelei San Telmo, die seit 1540 dokumentiert ist und eine exponierte Lage über den Klippen genießt.

Flysch heißt das Ensemble geologischer Formationen, die vor etwa 50 bis 60 Millionen entstanden und der Küstenlandschaft ihren Stempel aufdrücken. Die bizarren Felsen mit ihrer Wechselfolge an Gesteinsschichten wirken wie aufgerissen, wie zerfurcht, wie von Künstlerhand modelliert.

Davon überzeugt man sich am besten am Strand Itzurun, zu dem ein Zugang hinabführt. Unten schaut man vom Sand zu dem auf, was sich einst auf dem Grund des Ozeans befand und durch die Kollision von Erdmassen in die Höhe katapultiert wurde. Kurios beim Anblick ist, dass die Schichten nicht übereinander liegen, sondern nebeneinander und gen Himmel aufsteigen. Welt verkehrt. An der nördlichen Strandseite fallen die Felsen überdies zum Meer hin ab. Wer darübergehen will, braucht festes Schuhwerk. Je nach Wasserstand des Atlantiks schwappt die Phantasie ins Spiel und interpretiert Flossen und Schuppenpanzer von Krokodilen in die Szenerie hinein.

Die Klippenlandschaft dehnt sich westwärts von Zumaia bis Deba aus und steht als »Geopark der baskischen Küste« (spanisch: Geoparque de la Costa Vasca) unter Schutz. Wer sich in die faszinierende Gegend vertiefen will, kann ab der Einsiedelei San Telmo die Wanderschuhe schnüren. 12,8 Kilometer sind es von hier bis nach Deba, wofür man laut Hinweisschild 4,5 Stunden braucht. Wer sich auf ein kurzes Stück beschränken will, geht zehn Minuten bis zum Aussichtspunkt Algorri.

Adresse 20750 Zumaia, www.zumaia.eus, www.geoparkea.eus | Anfahrt auf der Nationalstraße N-634 entweder von Nordosten (Getaria) oder aus südlicher Richtung nach Zumaia, von dort zu Fuß zum Geopark | Tipp Oberhalb des Strands Itzurun liegt das Hotel Zelai, das Thalassotherapie anbietet (Tel. +34/943865100, www.talasoterapiazelai.com).

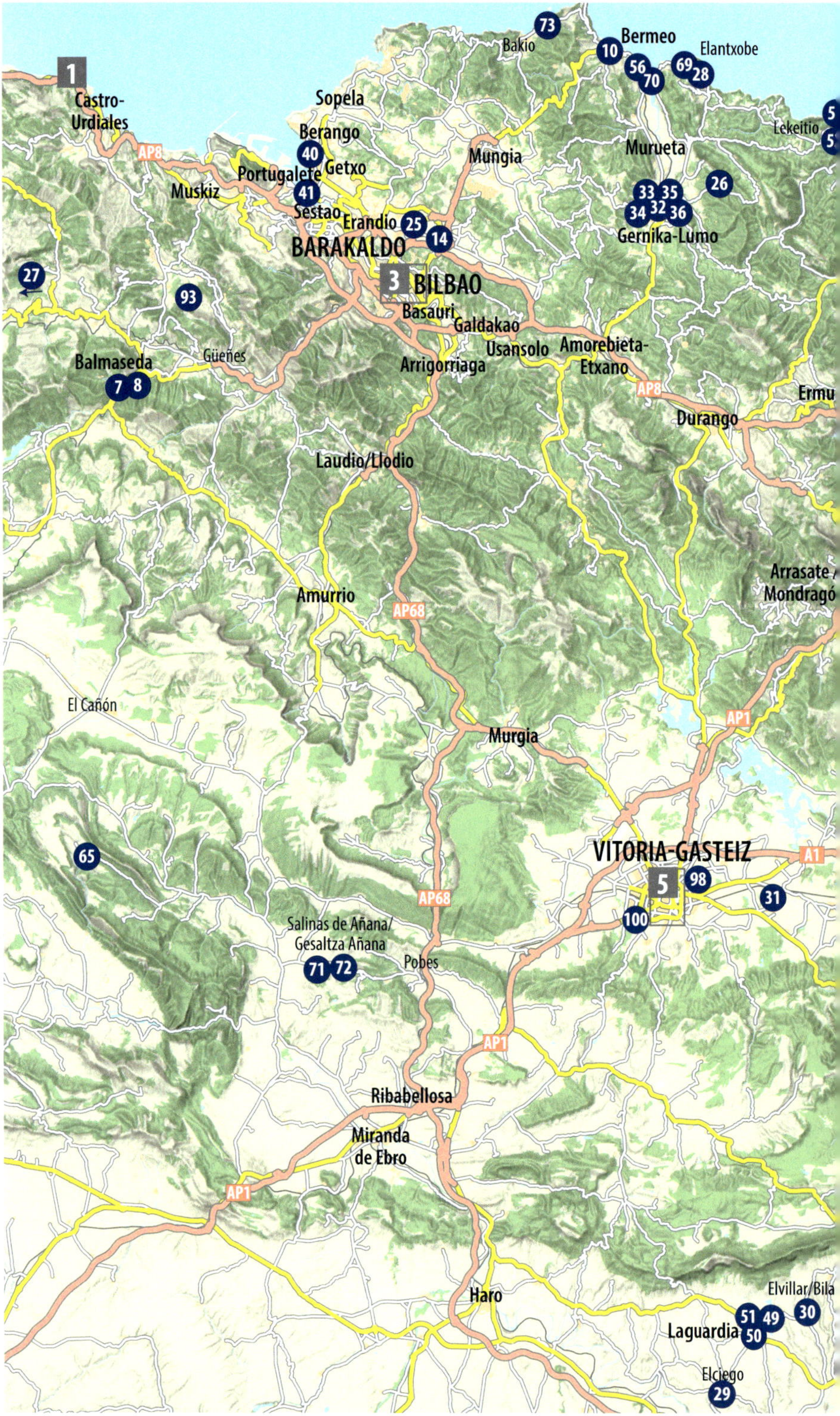
1
Castro-Urdiales
AP8
Muskiz
Portugalete
Sopela
Berango
40
Getxo
41
Sestao
Erandio
25
14
BARAKALDO
3
BILBAO
Basauri
Galdakao
Usansolo
Arrigorriaga
Amorebieta-Etxano
73
Bakio
Mungia
10
Bermeo
56
70
69
28
Elantxobe
Lekeitio
Murueta
33
35
26
34
32
36
Gernika-Lumo
27
93
Balmaseda
7
8
Güeñes
Durango
Ermu
Laudio/Llodio
Amurrio
AP68
Arrasate / Mondragó
El Cañón
Murgia
AP1
VITORIA-GASTEIZ
A1
5
98
31
100
65
Salinas de Añana/ Gesaltza Añana
71
72
Pobes
Ribabellosa
Miranda de Ebro
Haro
Elvillar/Bila
51
49
30
Laguardia
50
Elciego
29

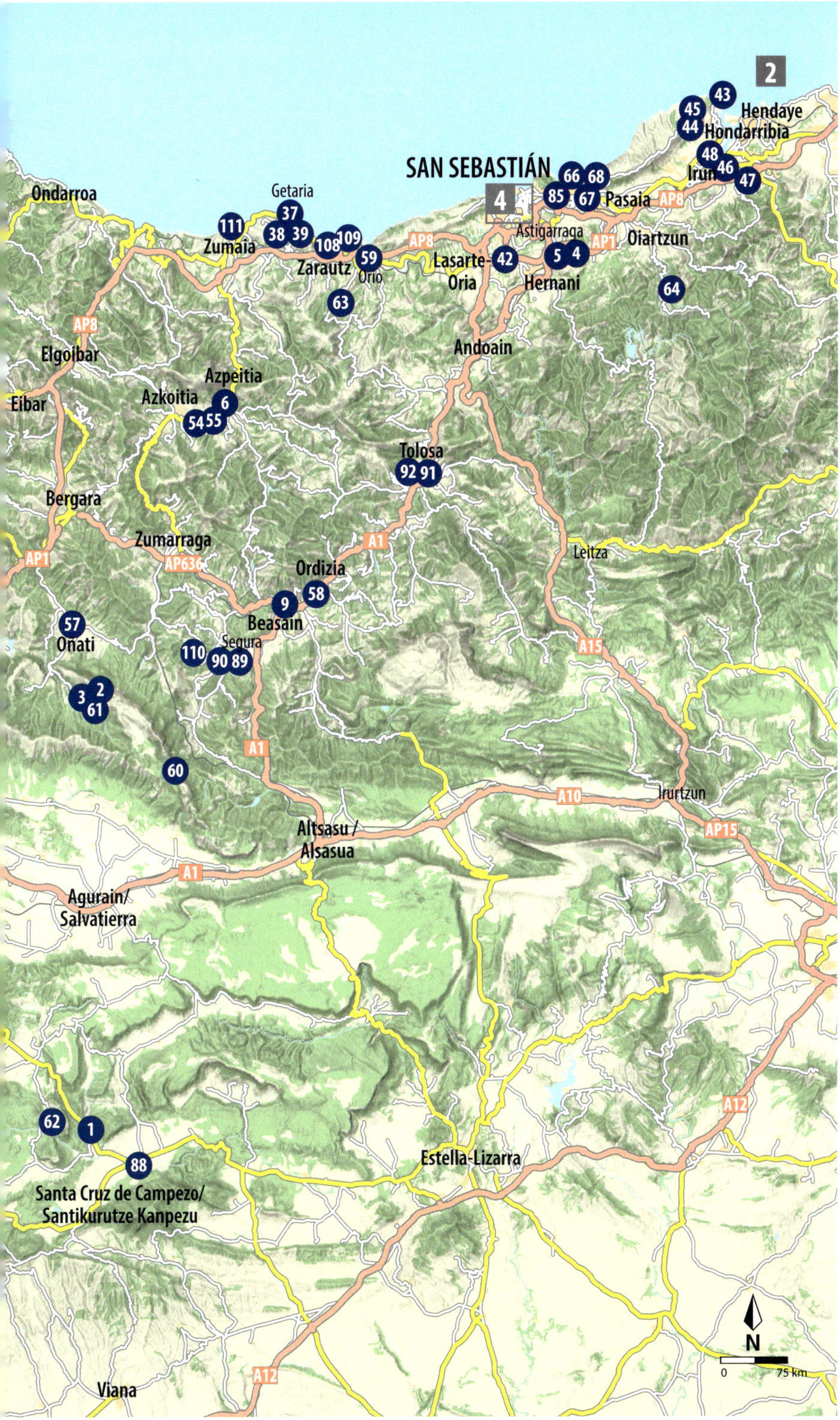

2
San Sebastián
4
Hendaye
Hondarribia
Irun
Pasaia
Oiartzun
Astigarraga
Hernani
Lasarte-Oria
Andoain
Getaria
Zumaia
Zarautz
Orio
Ondarroa
Elgoibar
Eibar
Azpeitia
Azkoitia
Tolosa
Bergara
Zumarraga
Ordizia
Beasain
Segura
Onati
Leitza
Irurtzun
Altsasu / Alsasua
Agurain/ Salvatierra
Santa Cruz de Campezo/ Santikurutze Kanpezu
Estella-Lizarra
Viana
AP8
AP1
AP636
A1
A15
A10
AP15
A12
N
0
75 km

3
Deustuko Doneperiaga
Nervión
16
Campo Volantín
Castaños
17
Uribarri
Abandoibarra etorbidea
18
Alameda Mazarredo / Mazarredo zumarkalea
23
15
20
Iturrizar Parkea
Calle Heros
Heros kalea
Campo Volantín pasealekua / Paseo Campo Volantín
Zurbaran
Arabella
13
19
Abando
Federico
Moyúa Plaza
Abando
12
Astarloa kalea
BILBAO
Basurto
Etxebarria Parkea
Indautxu
11
24
Begoña
Calle Bailén / Bailen kalea
Iturralde / Prim
Calle Autonomía / Autonomia kalea
22
Bilbao La Vieja
Ametzola
Iralabarri
Juan de Garay kalea
Atxuri
Santutxu
Miribilla

4
86
79
82
Aldamar kalea
77
84
78
87
Okendo kalea
Kolon pasealekua
81
75
80
76
Askatasunaren Hiribidea
Frantzia pasealekua
Bahía de la Concha
SAN SEBASTIÁN
74
Zubieta kalea
San Martin kalea
Urbieta kalea
Easo kalea
Prim kalea
Gernikako arbolaren
Federico Garcia Lorca pasealekua
83
Mirakontxa Pasealekua
Tolosa hiribidea
Izostegi pasealekua

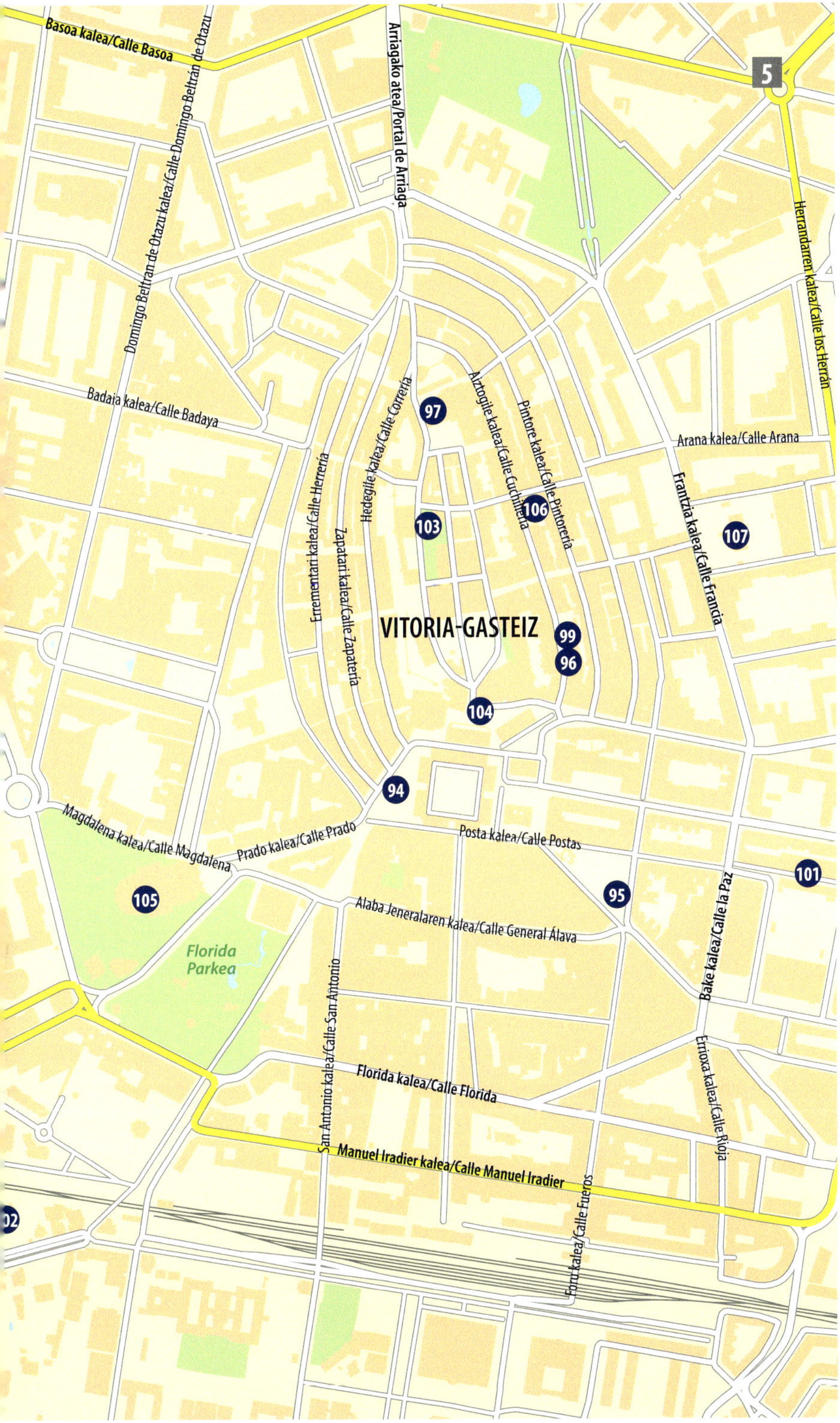

5
Basoa kalea/Calle Basoa
Domingo Beltran de Otazu kalea/Calle Domingo Beltrán de Otazu
Arriagako atea/Portal de Arriaga
Herrandarren kalea/Calle los Herrán
Badaia kalea/Calle Badaya
Hedegile kalea/Calle Correría
Aiztogile kalea/Calle Cuchillería
Pintore kalea/Calle Pintorería
Arana kalea/Calle Arana
Frantzia kalea/Calle Francia
Errementari kalea/Calle Herrería
Zapatari kalea/Calle Zapatería
VITORIA-GASTEIZ
97
103
106
107
99
96
104
94
Magdalena kalea/Calle Magdalena
Prado kalea/Calle Prado
Posta kalea/Calle Postas
101
95
105
Alaba Jeneralaren kalea/Calle General Álava
Bake kalea/Calle la Paz
Florida Parkea
San Antonio kalea/Calle San Antonio
Florida kalea/Calle Florida
Errioxa kalea/Calle Rioja
Manuel Iradier kalea/Calle Manuel Iradier
Foru kalea/Calle Fueros
02

Andreas Drouve
111 Orte am Jakobsweg, die man gesehen haben muss
ISBN 978-3-7408-1092-4

Robert Zsolnay
111 Orte auf Ibiza und Formentera, die man gesehen haben muss
ISBN 978-3-7408-1979-8

Rüdiger Liedtke
111 Orte auf Mallorca, die man gesehen haben muss
ISBN 978-3-7408-2239-2

Sabine Kiesewein, Carl Lang
111 Orte auf Fuerteventura, die man gesehen haben muss
ISBN 978-3-7408-1973-6

Rolando Grumt Suárez
111 Orte in Barcelona, die man gesehen haben muss
ISBN 978-3-7408-0994-2

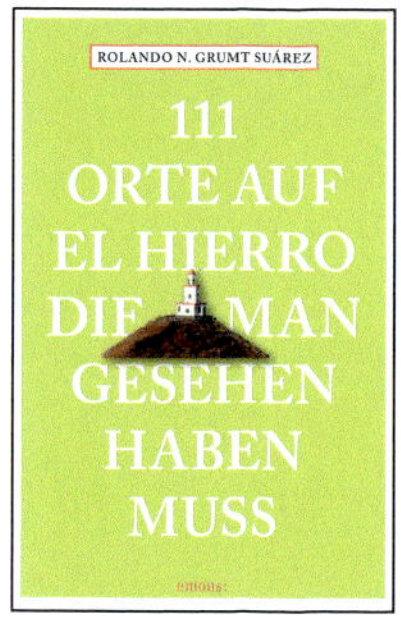

Rolando N. Grumt Suárez
111 Orte auf El Hierro, die man gesehen haben muss
ISBN 978-3-7408-0846-4

Carl Lang
111 Orte auf Lanzarote, die man gesehen haben muss
ISBN 978-3-7408-0836-5

Rolando G. Suárez
111 Orte auf Gran Canaria, die man gesehen haben muss
ISBN 978-3-7408-0436-7

Sibylle von Kapff, Gerhard von Kapff
111 Orte auf Teneriffa, die man gesehen haben muss
ISBN 978-3-95451-916-3

Kirsten Lux, Lisa Graf-Riemann
111 Orte auf La Palma, die man gesehen haben muss
ISBN 978-3-7408-0345-2

Catrin Ponciano
111 Orte in Porto, die man gesehen haben muss
ISBN 978-3-7408-1978-1

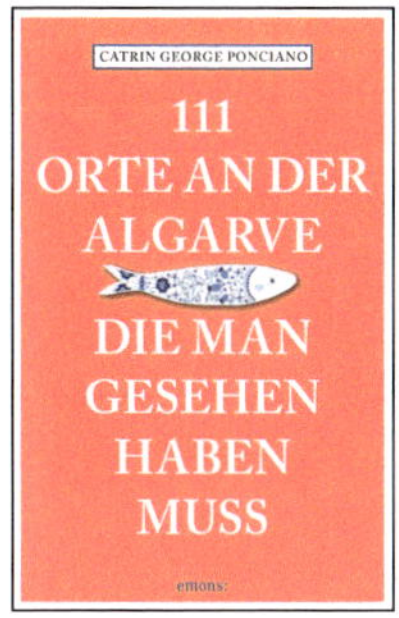

Catrin Ponciano
111 Orte an der Algarve, die man gesehen haben muss
ISBN 978-3-7408-1837-1

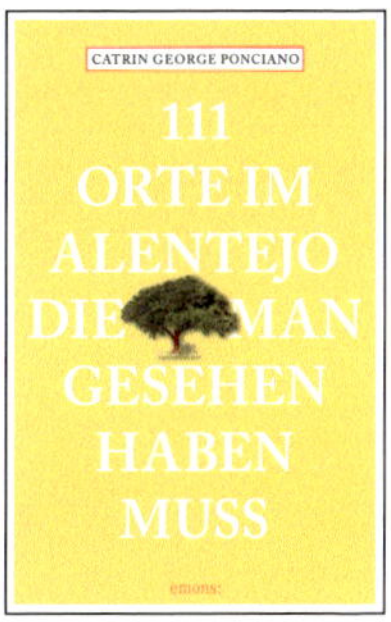

Catrin Ponciano
111 Orte im Alentejo, die man gesehen haben muss
ISBN 978-3-7408-1067-2

Kathleen Becker
111 Orte in Lissabon, die man gesehen haben muss
ISBN 978-3-7408-0244-8

Daria Rizzello
111 Orte in Apulien, die man gesehen haben muss
ISBN 978-3-7408-1860-9

Jörg Dauscher
111 Orte in Bozen, die man gesehen haben muss
ISBN 978-3-7408-1897-5

Gisela Hopfmüller, Franz Hlavac
111 Genüsse in Friaul und Julisch Venetien, die man probiert haben muss
ISBN 978-3-7408-2022-0

Eileen Stiller
111 Orte auf Sizilien, die man gesehen haben muss
ISBN 978-3-7408-1424-3

Insa Hohmann,
Katharina Hohmann,
Fritz von Klinggräff
111 Orte am Lago Maggiore, die man gesehen haben muss
ISBN 978-3-7408-2118-0

Giulia Castelli Gattinara
111 Orte in den Dolomiten, die man gesehen haben muss
ISBN 978-3-7408-1972-9

Gianni Montieri, Anna Toscano
111 Orte in Venedig, die man gesehen haben muss
ISBN 978-3-7408-1986-6

Federico Meloni, Jana Meloni
111 Orte auf Sardinien, die man gesehen haben muss
ISBN 978-3-7408-1997-2

Ulrich Kohlmann
111 Weinorte in der Toskana, die man gesehen haben muss
ISBN 978-3-7408-1741-1

Beate C. Kirchner
111 Orte in Florenz und im Norden der Toskana, die man gesehen haben muss
ISBN 978-3-7408-1630-8

Annett Klingner
111 Orte in Rom, die man gesehen haben muss
ISBN 978-3-7408-1628-5

Peter Eickhoff
111 Südtiroler Gasthäuser, die man kennen muss
ISBN 978-3-7408-0137-3

Christoph Schrahe,
Stefan Herbke, Thomas Biersack
111 Skipisten, die man gefahren sein muss
ISBN 978-3-7408-1600-1

Beate Giacovelli
111 Orte am Comer See, die man gesehen haben muss
ISBN 978-3-7408-1201-0

Annett Klingner
55 ½ Orte im Vatikan, die man gesehen haben muss
ISBN 978-3-7408-0869-3

Max Fleschhut
111 Orte auf Elba, die man gesehen haben muss
ISBN 978-3-7408-0587-6

Franz Hlavac, Gisela Hopfmüller
111 Orte in Friaul und Julisch Venetien, die man gesehen haben muss
ISBN 978-3-7408-0575-3

Petra Sophia Zimmermann
111 Orte am Gardasee und in Verona, die man gesehen haben muss
ISBN 978-3-95451-344-4

Natalino Russo
111 Orte in Neapel, die man gesehen haben muss
ISBN 978-3-7408-0478-7

Alessandro Martini, Maurizio Francesconi
111 Orte in Langhe, Roero und Monferrato, die man gesehen haben muss
ISBN 978-3-7408-0474-9

Sabine Gruber, Peter Eickhoff
111 Orte in Südtirol, die man gesehen haben muss
ISBN 978-3-95451-318-5

Marx de Morais
111 Orte in Turin und im Piemont, die man gesehen haben muss
ISBN 978-3-95451-736-7

Andreas Drouve (*1964), Dr. phil., gebürtiger Rheinländer, lebt seit über einem Vierteljahrhundert in Nordspanien. Als freier Autor und Journalist hat er zahllose Reisereportagen und über 130 Bücher verfasst, darunter »111 Orte am Jakobsweg, die man gesehen haben muss« für den Emons Verlag.
www.andreas-drouve.de
Reiseblog mit Instagram-Account: www.traveller50plus.eu

Sonia Drouve (*2001) ist die jüngere Tochter des Autors und begeisterte Fotografin. Sie studiert Digitales Design.

Ein besonderer Dank für die Unterstützung bei den Recherchen geht an die baskische Tourismusagentur Basquetour sowie an Itziar Herrán Ocharan.